心理學
使用說明書

日本大學
心理學教授

橫田正夫

監修

陳聖怡——譯

U0079993

職場、家庭、戀愛、交友
幫你全方位打通人際煩惱！

前言

橫田正夫

《心理學使用說明書》這個書名，看起來頗令人費解。「使用說明書」的意思，就是要教各位如何使用心理學。一般而言，使用說明書往往讓人聯想到電腦操作手冊之類的小冊子，但即使沒有這種說明書，也不會造成使用者太大的困擾。因為大多數人或多或少都曾經接觸過電腦，使用手冊的內容也大同小異。

相較之下，在電腦裡安裝軟體時，如果不按照指示的程序操作，根本就無法啟動軟體，所以我們多半會把操作手冊攤開在眼前，依循上面的指示按部就班地操作。由此可見，電腦的使用手冊和軟體的操作手冊，雖然同樣都是使用說明書，功能卻截然不同。那麼，本書算是哪一種使用手冊呢？

現代社會大眾對於心靈，應該都有某種程度的了解，而且也普遍相當關心。

但是，實際上認知的深度與廣度又是如何呢？各位在翻閱這本書後應該就會發現，還是有很多知識讓你恍然大悟，不禁大嘆原來如此，甚至是發現以往根本不知道的內容吧。畢竟心靈其實是非常複雜的。

心靈會為了適應現實而發揮機能，它最大的作用就是讓心的主人能夠順利適應職場和社會。從這層意義來看，心靈堪稱是能應用於現實社會的智慧寶庫。

但另一方面，我們也經常耳聞許多心靈無法正常作用的例子，這

也是現代生活的通病。然而並不是普羅大眾都有足夠的知識，可以了解在這些狀況下會發生什麼事。

當然，普遍來說，人人都有一顆心，也都會察覺它發生了什麼變化。這就和操作電腦一樣，即使手邊沒有「心靈使用說明書」，我們也大概曉得該如何因應處理。

但是，就如同前面提到，心靈的運作機制其實非常複雜，而我們身處的現實社會也同樣很複雜。因此心靈的適應機制並不是那麼廣為人知，並不是像電腦的使用手冊一樣，就算不參考也無傷大雅。在此建議大家還是常備一本心靈使用說明書會比較好。

既然如此，那麼應該把本書當作操作手冊一樣，隨時參照使用囉？那倒也未必，畢竟心理機能並不是輸入一個指令，才會執行一個動作。

說來說去，到底我們要這本書有什麼用啊？我想對抱有這類想法的人說，正是如此，我們才更需要擁有說明書，才能更清楚了解關於心靈的一切。

話說回來，要從頭開始學習心靈的機能，未免也太辛苦；更遑論要深入理解心理問題，需要投入的時間自是難以計數。如果有一本書可以簡便參閱相關知識，按圖索驥便能輕易找到深入理解的線索，豈不是方便許多？知與不知可是有著天壤之別。這就是本書的存在意義。

即使本書是本簡便的使用說明書，但是篇幅依舊不少。雖然簡便，但心理學的領域卻是無限。這本深入探索、活用心靈的使用說明書，在簡易便利的前提下依然需要涵蓋這麼多的知識，所以內容可說是介於使用手冊和操作手冊之間，盡可能地詳細解說，幫助大家深入理解心靈，進而適應社會，同時作為心理機能異常時的參考指南。

目錄

第2章
心理、身體與大腦的關係

第3章
認識自己的線索

第4章
認識一個人的線索

第5章
職場實用心理學

第6章
戀愛實用心理學

第7章
認識心理狀況

第1章
包羅萬象的
心理學

心理學直到19世紀才自成一門學問，那麼在此之前，人們究竟是如何思考「心」事的呢？從歷史上的思想家所留下的名言即可窺之一二。如今，心理學大致可以分為「基礎」和「應用」兩大類，其研究與實踐的派系又遍及所有領域。這一章，將會談到生理、學習、臨床、認知、社會等主要的心理學概論，同時也會提及心理學的衍生領域，幫助大家了解心理學的範疇究竟包含哪些。

第1章

包羅萬象的心理學

心理學是什麼？

說明 心理學是一門研究「心是什麼」的學問。科學方面的心理學，是在 19 世紀誕生於德國。心理學也能幫助無法適應社會的人。

使用提示 學習如何處理人際關係的煩惱、因內在與外在壓力而感到沮喪等「適應不良的狀態」。

大致分為基礎心理學與應用心理學

★ 基礎心理學

　　這是透過實驗與觀察，歸納並研究心理學一般法則的學問，透過個案和資料來說明人類的心理。基礎心理學的範疇涵蓋生理心理學、數學心理學、學習心理學、發展心理學等，彼此間並非各自獨立的學問，而是為了深入探索，才會將研究領域區分成多個方向。心理學之所以能歸類為科學，可以說正是因為當中包含了基礎心理學。基礎心理學在「心理與大腦的資訊處理」、「心理與身體的反應」等方面進行科學性的研究，將心理的結構理論化、數據化，是作為應用心理學「基礎」的一門學問。

閱讀其他學者的文獻、研究心理，再透過實驗找出新發現。

★ 應用心理學

　　這是將基礎心理學得出的知識和法則，運用於解決現實生活中發生的心理問題，也就是臨場應用的學問。應用心理學的範疇涵蓋臨床心理學、社會心理學、文化心理學、教育心理學、工商心理學、犯罪心理學等，同樣遍及各個領域。現代社會的問題堆積如山，善用基礎心理學的知識，評估該如何解決這些問題，這就是應用心理學的目的。只要了解與自身關聯較密切的心理學領域，或許就能得到過去不曾有過的啟發。

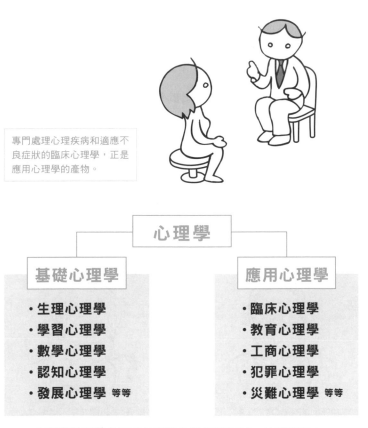

專門處理心理疾病和適應不良症狀的臨床心理學，正是應用心理學的產物。

心理學

基礎心理學

- ・生理心理學
- ・學習心理學
- ・數學心理學
- ・認知心理學
- ・發展心理學 等等

應用心理學

- ・臨床心理學
- ・教育心理學
- ・工商心理學
- ・犯罪心理學
- ・災難心理學 等等

心理學還有其他更多包羅萬象的個別領域，持續發展中。

第
1
章

心理學的淵源

說明 心理學在19世紀成為一門學問以前，古人當然也思考過許多關於心靈的問題，其中又以哲學的影響最大。例如柏拉圖、亞里斯多德等哲學家都曾經探索過心靈的結構。

使用提示 感到煩惱時，也可以向哲學尋求解答，或許也能從中獲得啟發甚或救贖。哲學探討的正是為人的原則。

包羅萬象的心理學

心理學問世以前心靈思想的變遷

　　哲學對心理學的影響甚鉅。那些名留青史的偉大哲學家，又是怎麼解釋心靈的呢？柏拉圖（Plato）主張身心二元論，認為「心靈與身體是不同的兩個世界」。但他的學生亞里斯多德（Aristotle）卻是持相反的立場。近代哲學之父笛卡兒（René Descartes），認為「心靈與身體各自獨立，但可以互相影響」。洛克（John Locke）、黑格爾（G. W. F. Hegel）等思想家也都有各自的論述。

柏拉圖（BC 427-347）
主張「心靈與身體分開，人死後靈魂不滅」的身心二元論。

亞里斯多德（BC 384-322）
主張「心靈與身體密不可分，二者合一」的靈魂論。

笛卡兒（1596-1650）

主張「心靈與身體各自獨立，是二元的存在，但兩者會相互影響」。

康德（1724-1804）

主張「人對世界的認識源於自身具備的思想和經驗」的認識論。

黑格爾（1770-1831）

主張「精神是世界的根源，物質是次要的產物」。

培根（1561-1626）

主張「心靈是用來記錄經驗所學習到的知識」。

洛克（1632-1704）

主張「幼兒的心靈是一塊『白板』（tabula rasa），人是將經驗寫在白板上的生物」的經驗主義。

19世紀以後，德國生理學家費希納（G. T. Fechner）和韋伯（E. H. Weber）等人，嘗試以自然科學來解釋心靈，自此從傳統的哲學方法中衍生出以更科學的方式證明心理作用的研究方式，這才使心理學終於成為「科學的學問」。

（各個人物的簡介，請參照 P.70～）

心理學始祖──馮特

說明 1879年在德國萊比錫大學（Universität Leipzig）擔任哲學系教授的威廉‧馮特（Wilhelm Wundt，參照P.73）創立心理學實驗室後，心理學才終於成為一門科學。

使用提示 馮特將原本屬於哲學範疇的「人心」，變成具有實證性和科學性的學問，就此開啟「『人心』究竟能不能數據化？」這項至今依然令人興味盎然的心理研究。

▌人心可以用「科學」解釋嗎？

馮特將心理學視為經驗科學。他利用「內省法」觀察人的精神內在，藉此分析、研究人受到外界刺激後產生的反應，進而確定人心是多種元素的複合體。

心靈是各種元素的複合體

人心是由多種元素組成，
馮特將這些元素概括稱為「統覺」。

完形心理學問世

進入20世紀後，心理學有了更進一步的發展，並衍生出否定馮特學說的「完形心理學」。完形的原文是Gestalt，意指事物並非部分的總合，而是整體的構造。這個流派認為，心靈需要經過多種元素的加乘才得以運作。

簡單來說，人心並非1＋1＝2，有時候也會等於3或4，整體不一定等於所有部分的總合，這就是完形心理學的思想。

.... Knowledge

日本東北大學附屬圖書館內有一部分馮特的藏書，以「馮特文庫」的名義收藏。其中還包含留有馮特筆跡的珍貴文獻。

第一個心理學流派
精神分析學

> 說明 精神分析學是在佛洛伊德（Sigmund Freud，參照P.96）發現「潛意識」以後誕生的學派，主張人心可以區分為意識、前意識和潛意識。我們都會受到自己內在無法意識到的部分驅使。

> 使用提示 假使驅動社會和眾人的力量來自於人們的潛意識，那麼世界上所發生的大小事情都取決於人的價值觀。

▌潛意識包含「本我、超我、自我」

潛意識可分為本我、超我和自我。本我是指本能的欲望，超我是指良知，自我則負責平衡本我和超我的需求。在三者的交互作用下，才會形成人格。

知覺－意識

前意識

超我 ···········自我···········

潛意識

知覺－意識

意識是
「現在意識到的部分」

前意識是
「努力就能意識到的部分」

潛意識是
「無法簡單化為意識的部分」

ZZZ...

佛洛伊德認為只要深入潛意識的領域、解放壓抑的願望，就能治癒心理疾病。

全人類共通的集體潛意識

　　榮格（Carl Jung，參照P.96）雖然受到老師佛洛伊德的潛意識學說影響，但他並不認同潛意識屬於個體，而是認為有一種超越個人體驗、全人類共通的「集體潛意識」。根據榮格的說法，潛意識有兩層構造，一層是「由當事人既有的記憶和經驗形成的個人潛意識」，另一層則是「全人類共通的集體潛意識」。

老智者像父親一樣嚴厲，可以為迷途者指引方向。當然他也存在於女性的內心。

阿尼瑪專門破壞秩序、大肆搗亂，可以說是人內在的「惡」。

　　集體潛意識是由多種「原型」構成。原型包含了像母親一樣包容卻又束縛自己的「地母」、像父親一樣嚴厲的「老智者」、受到壓抑的反自我「陰影」，以及熱愛破壞秩序的「搗蛋鬼」等等。而阿尼瑪和阿尼瑪斯，則是原型的性格象徵。阿尼瑪（Anima）代表了男性潛意識中的女性性格，阿尼瑪斯（Animus）則代表了女性潛意識中的男性性格。也就是說，我們的內心深處都潛藏著超越性別的人格。

.... Knowledge

佛洛伊德和榮格是師徒，但兩人對於潛意識的看法卻大相逕庭，最終分道揚鑣。自佛洛伊德創立精神分析學以後，便發展出自我心理學、新佛洛伊德學派等形形色色的心理學學派。

第二個心理學流派
行為主義心理學

說明 行為主義心理學發源自20世紀的美國,由心理學家華生(John B. Watson,參照P.97)創立。華生並不研究肉眼不可見的感覺,而是從客觀的研究探索心理。

使用提示 這個理論是藉由人受到外界刺激所產生的反應,藉此思考人類的行為,可以啟發我們察覺人的「動機」。

小艾伯特實驗

「小艾伯特實驗」是華生的行動主義心理學中最經典的實驗,內容是觀察嬰兒受到外界刺激後所產生的反應。華生認為,只要運用這個「刺激反應理論」,就能使人做出特定的行為。

實驗內容是讓9個月大的嬰兒接觸白老鼠,同時敲出巨大的聲響。嬰兒因此感到恐懼並大哭起來。

重複同樣的過程幾次後,嬰兒只要一看到白老鼠或其他白色物體,即使沒有聽到聲音也會哭泣。

第三個心理學流派
人本主義心理學

說明 人本主義心理學和行為主義心理學同樣在 20 世紀於美國發端，是由心理學家馬斯洛（Abraham Maslow，參照 P.97）創立的學說。主張不做精神分析也不研究人類的行為，而是要理解人的本質。

使用提示 馬斯洛提出的需求層次理論，不僅可以應用於工作方面，也有助於提高追求人生的動力。

馬斯洛的需求層次理論

　　只要逐一滿足人類在生活上的需求，就能促使他們設法滿足更高層次的需求。因為獲得認同、發揮更多才能，最終實現自我，這才是人類的幸福。因此我們應當建立一個認同他人、自己也能獲得認同的生活環境。

自我實現的需求
發揮自己的能力

尊重的需求
渴望獲得別人認同

愛與歸屬的需求
渴望與人融洽相處

安全的需求
想要保護人身安全

生理的需求
進食、睡眠……設法活下去

基礎心理學
生理心理學

說明 認為人類的生理活動與心理現象有關,並以科學方法解釋「心」的心理學。

使用提示 藉由觀察人的生理反應來研究心理活動,這就是生理心理學所著眼的研究目的。

一緊張就會心跳加速、汗流浹背

　　人只要一緊張,就會手心冒汗或是肚子痛;只要一撒謊,就會感到心跳加快,生理心理學就是透過儀器來測量這種伴隨心情而來的生理變化。心跳的細微變化,都會暴露在心電圖、腦波、體溫的測量結果上。其中,測謊機便是基於生理心理學而研發誕生的儀器。

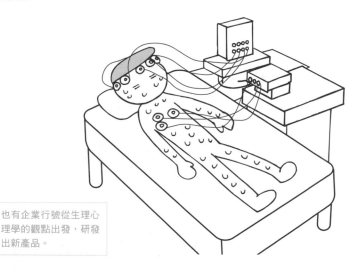

也有企業行號從生理心理學的觀點出發,研發出新產品。

基礎心理學
學習心理學

說明 研究人類的行動如何透過經驗和學習，產生相應變化的心理學。

使用提示 聽到午休的鐘聲就會感到飢腸轆轆、聽到傍晚的鐘聲就想回家。其他方面的需求也可能會因為學習而逐漸變化。

巴夫洛夫的人？

人類也是動物，有時仍會無法抗拒飢餓、睏倦這些本能的需求。不過與此同時，若是身處在「這場會議不能打瞌睡，萬一睡著就麻煩大了」的緊急狀況下，我們卻知道要抑制本能。但是，在出現某些信號（比如鐘聲或任何聲音）時，我們依然會不由自主地產生反應。學習心理學就是研究這種現象的科學。最常見的簡單例子就是「古典制約」（參照P.184），也就是「巴夫洛夫的狗」學說。

看到酸梅或檸檬，嘴巴會自動分泌口水，這就是標準的古典制約現象。

.... Knowledge

提出古典制約的典型例子「巴夫洛夫的狗」，正是俄羅斯醫師伊凡・巴夫洛夫（Ivan Pavlov，參照P.98），他也是史上第一位榮獲諾貝爾生理學或醫學獎的俄羅斯人。巴夫洛夫的狗並不是一隻特定的狗，而是好幾隻。說不定他就是因為有這麼多小狗幫他做實驗，才能獲得這項發現和榮譽喔！

包羅萬象的心理學

Chapter 1

基礎心理學
數學心理學

說明 運用數學,將人類的心理研究、分析資料並模型化,是以數理作為分析手法的心理學。

使用提示 將人的所有行動數據化、統計分析而成的「大數據」,真的可以解釋人類的心理狀態嗎?只要活用數學心理學,或許就能得知今後的熱門商品,甚至是人會採取的下一個行動。

從賽局理論開始

賽局理論是以賽局的形式,來闡述所有利弊的方法,用以分析「兩名以上參賽者」的決策和行為。只要了解賽局理論,就能正確掌握狀況,培養出預測未來的能力。

主管和下屬的關係也會產生利弊,同樣屬於賽局理論的研究對象。

囚徒困境

「囚徒困境」是學習賽局理論的基礎範例。假設你和搭檔一起去搶劫，結果雙雙被逮捕。警方把你和搭檔各自帶進不同的小房間，對你們提出以下交涉條件。那麼，你接下來要怎麼辦呢？

①如果你認罪並指控對方，但對方保持沉默，那你可以獲釋（對方判監3年）
②如果你保持沉默，但對方認罪並指控你，那你會判監3年（對方可獲釋）
③如果你們兩人都認罪，兩人皆判監2年
④如果你們兩人都保持沉默，兩人皆判監1年

搭檔（認罪 or 沉默）

		沉默	認罪
你（認罪 or 沉默）	沉默	−1、−1	−3、0
	認罪	0、−3	−2、−2

上圖是利用表格概述賽局的結構。在搭檔認罪的前提下，如果你也認罪，就會判監2年，沉默則會判監3年；在搭檔沉默的前提下，如果你認罪就會獲釋，沉默則會判監1年。此時你應當採取的合理行為，就是「認罪」。

基礎心理學
社會心理學

說明 研究個人或團體在社會環境下，受到哪些影響時會如何行動的心理學。

使用提示 「只要大家一起闖紅燈就不用怕。」從這句話可以看出人會受到周遭很大的影響。因為我們都活在家庭、職場、地區等多元化的社會裡，所以這門學問可以應用在各式各樣的場面上。

無法抗拒假觀眾的力量

人會受到周遭（社會）很大的影響。最經典的例子，就是美國社會心理學家米爾格拉姆（Stanley Milgram）進行的「假觀眾」實驗。他安排2～3名假觀眾抬頭看向大樓上方時，會有大約6成的路人跟著往上看；安排5名以上的假觀眾時，就有大約8成的路人往上看。如果你的職業有集客的需求，安排5位以上的假顧客或許會比較能見到效果喔！

假觀眾2～3人

停下腳步的路人
比例＝6成

假觀眾5人以上

停下腳步的路人
比例＝8成

基礎心理學
知覺心理學

說明 人類的知覺包含視覺、聽覺、嗅覺、味覺、觸覺、平衡感、時間知覺等等。知覺心理學就是根據這些知覺來研究人心。

使用提示 培養敏銳的知覺，可以拓展自己的世界觀。另外，領悟到自己的知覺並非準確無誤，可以讓自己以更謙虛的態度面對世界。

在黑暗中進食，味覺會變得遲鈍

　　知覺心理學的研究內容之一「視錯覺」，在90頁將會有更詳細的解釋。簡單概括而論，就是眼見不一定為實。此外，人在知覺受限的空間裡會如何感受事物，也是一項非常有趣的議題。人在伸手不見五指的地方吃飯，就會變得無法分辨自己在吃什麼。由此可見，人是因為有視覺，才能嘗到食物的味道。

在黑暗中感到「有什麼在發亮」、「好像有什麼東西」，或是在用餐時得知自己吃的是米飯、豬肉和其他食物，這些感受都叫作知覺。

第1章

基礎心理學
人格心理學

包羅萬象的心理學

說明 研究人格和性格的心理學。透過各式各樣的檢查項目，研究人格與性格。

使用提示 可以藉此了解連自己未曾察覺的人格和性格。透過實驗、觀察、檢查、調查等任一方法，理解人的心理。

如何客觀看待自己和別人的狀況？

要了解一個人的性格，可以利用面談、觀察這些方法，或是透過性格測驗得知。日本人在求職時做的SPI綜合適性檢查也是一種方法。測驗又可以分成問卷法、投射法、自然實驗法等等。

觀察法可分為讓受試者前往研究地點再觀察的「自然觀察法」，以及在符合某些條件的狀況下觀察的「實驗觀察法」。

日本最普及的問卷法是「YG性格測驗」（參照P.112）。問卷採用只要在量表上圈選「是」、「否」、「兩者皆非」的形式，據此了解受試者的性格特性。

基礎心理學
認知心理學

說明 認知心理學把人心當作電腦，透過實驗，藉此釐清當事物輸入（刺激）人時，人會有什麼樣的輸出（反應）。

使用提示 認知心理學在1950年代問世，屬於比較近代的心理學。過去不屬於科學範疇的心理學，開始能夠以大腦＝硬體、心靈＝軟體的關係，說明人類問題的解決過程。

人工智慧會超越人類嗎？

　　據說，我們將在2045年迎來人工智慧超越人類的科技奇異點（technological singularity）。實際上，在2016年3月，人工智慧圍棋軟體「AlphaGo」，就已經贏過了當代世界最強的韓國棋士。我們可以想見，隨著人工智慧的進步，很多職業可能因此而落沒。看來我們必須設法適應未來的發展了。

現在也正持續進行為人工智慧賦予情感的研究，是否會因此打開潘朵拉的盒子呢？

第
1
章

基礎心理學
發展心理學

說明 研究人從出生、成長、年老，直到死亡的「發展」變化的心理學。透過「從搖籃到墓穴」的過程來掌握人心。

使用提示 發展心理學並不是探索幼兒到成人的發展，而是探索人直到死亡為止的變化。人的身體會衰退，但心靈直到死亡以前都會持續發展。

包羅萬象的心理學

┃ 性的發展與社會性發展

佛洛伊德對於人的發展，著重於性的本能。另一方面，美國心理學家艾瑞克森（Erik Erikson，參照 P.242）則是透過人與社會的關係來研究人類發展，並提出「心理社會發展理論」。

★ 嬰兒期（0～1歲）信任 vs 不信任
透過自己與母親的關係，感受到他人值得信賴。

★ 幼兒早期（1～3歲）自立 vs 羞怯、懷疑
從排泄行為學習如何控制自己的生活。

★ 幼兒晚期（3～6歲）自主 vs 內疚
模仿成人的行為，藉以開拓自主性。

★ 兒童期（6～12歲）勤奮 vs 自卑
在學校這類環境下努力，獲得成就感。

艾瑞克森的發展理論

艾瑞克森將人的一生分為嬰兒期、幼兒早期、幼兒晚期、兒童期、青年期、成人早期、成人晚期、高齡期共八個階段，每個階段都有必須克服的課題。當人在各個階段感到適應不良時，心理的焦慮可能會升高。建議各位可以參考一下，看看自己和孩子、雙親目前正在面臨哪些課題。

另一方面，隨著生活型態的變化，艾瑞克森的發展理論在現代，或許會與時代價值觀脫節，所以必須配合世界的變動來面對發展的課題。

此外，佛洛伊德和艾瑞克森都主張人在嬰兒期與母親的親密關係，對人的發展有著重大的影響。各位不妨參照哈洛（Harry F. Harlow，參照P.242）的學說一起閱讀，有助於深入理解。

★ 青年期（12～25歲）身分認同 vs 認同混亂
確立對自我的認同，鞏固自己的生活方向。

★ 成年早期（26歲～35歲）親密 vs 孤獨
希望與伴侶建立關係的時期。

★ 成年晚期（36歲～65歲）生產 vs 停滯
透過培育孩子和晚輩來超越自我。

★ 高齡期 歸納 vs 絕望
回顧自己的人生並接受它。

第1章

包羅萬象的心理學

基礎心理學
情感心理學

說明 探索人的情感與情緒的心理學。研究人類特有的情感，以及動物也具備的原始情緒。

使用提示 只要了解人的「喜怒哀樂」從何而來，應該就能妥善應對各式各樣的場面。

人的情感究竟從何而來？

情緒就像是動物的本能，由大腦深處的邊緣系統主宰，而人的情感則是由包覆大腦的皮質所主宰。大腦新皮質是哺乳類才有的大腦領域，又以人類最為發達。

★ 情感
同情別人、懷念過去、悲傷憂愁的感受等等，都是人類特有的複雜心情。特徵是會持續得比較久，所以人才會對許多事情耿耿於懷吧。

★ 情緒
好可怕！好像很好吃！氣死人！這些都是動物也具備的原始情緒。特徵是會突然發生，又會迅速消退。火上心頭時之所以要「忍耐3秒」，就是這個道理。

· Knowledge

情感的英語是「feeling」和「affection」，feeling的詞源是「觸摸後感覺」。而情緒的英語是「emotion」，詞源是「搖晃」。光是從詞源來看，便可看出emotion的波動比較強烈。

基礎心理學
語言心理學

說明 研究人類學習語言的過程，以及語言和心理的關係。並不是研究語言本身，而是聚焦於「使用者」的行為和語言的關係。

使用提示 得知人在學習語言的階段會如何成長、發展，以及可能產生的障礙，有助於深入理解自己與他人。

| 失讀症（閱讀障礙）

這是一種學習障礙（參照P.272），是指在智力正常的情況下，對文字的讀寫有困難的症狀。如果以翻轉的狀態記憶文字，大腦就會發生某些資訊處理的障礙。學習障礙不只牽涉到語言心理學，也和發展心理學關係匪淺，最好要了解這種障礙的成因並妥善處理。

有些失讀症的患者，
聽聲辨意的記憶能力
會特別出色。

基礎心理學
感覺心理學

說明 皮膚和眼睛等器官會將接收到的刺激變成電子訊號，傳送給大腦和神經，這個時候產生的意識和現象就稱作「感覺」。而感覺心理學就是透過實驗來解析感覺。

使用提示 要釐清感覺與知覺的不同。透過「皮質小人」來了解人體哪些部位聚集了多少感覺器官，學習過程會更有意思。

皮質小人

　　感覺是身體的各種器官將資訊傳送到大腦後產生的感受，知覺則是分辨「那是什麼」，兩者的差異就在這裡。加拿大神經外科醫師潘菲爾德（Wilder Penfield），專門研究接收資訊的大腦體感皮質所對應的身體部位，而他根據研究結果繪製出來的就是「皮質小人」。

體感皮質從臉部、手部感應到的資訊，比軀幹和雙腿來得更多。

雙手特別大，可見人從雙手獲得的資訊有多少。

味覺很敏感，所以吐出來的舌頭也非常厚，顯示出舌頭傳達給大腦很多感覺。

基礎心理學
生態心理學

說明 研究人在現實社會的生態與心理狀況之間的關係。這是提出支應性理論（參照 P.95）的美國心理學家詹姆斯・吉布森（James Gibson，參照 P.231）開拓的研究領域。

使用提示 這是一門重視實踐性的學問，著眼於日常生活中的物品對人的作用。可應用於產品開發等創造新事物的領域內。

支應性理論概述

支應（afford）是動詞，意思是「賦予、提供」；支應性（affordance）則是由此衍生的名詞。吉布森將之定義為「周遭的環境對人的用途」，並將支應性的研究視為生態心理學的課題。舉例來說，當你的面前有一把椅子時，這個理論可以讓你了解「這把椅子會為人提供什麼樣的功能（坐下）」。

假設這裡有一把奇形怪狀的椅子。如果無法一眼看出它的功能是「坐」還是「放東西」，就會使人感到混亂。

基礎心理學
計量心理學

說明 這是「測量」人心並數據化的心理學，也可以包含在數學心理學當中。計量心理學會進行實驗、測驗，透過數學和統計學收集心理相關的資料並加以分析。

使用提示 計量心理學是儘量以客觀的數據來解析主觀的人心，可作為應用在各種領域的基礎理論。

艾賓浩斯遺忘曲線

德國心理學家艾賓浩斯（Hermann Ebbinghaus，參照P.99），透過實驗取得與人類記憶相關的資料，試圖求證人在背誦（初始學習）一串無意義的文字排列後，經過一段時間再重新學習時，忘掉的內容比例有多少。結果發現，人在20分鐘後會忘掉42%，1小時後忘掉56%，1天後則忘掉74%。而這個數據畫成的曲線就稱作艾賓浩斯遺忘曲線。

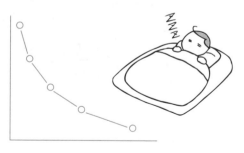

P.176也介紹了各式各樣的記憶方法，各位不妨當作讀書學習的參考。

·· Knowledge

實驗內容是讓受試者背誦一段沒有意義的文字，並將他們分為學習後立刻就寢，以及繼續保持清醒的對照組，結果發現就寢組的學習記憶比較清晰。由此可見，考前熬夜讀書的效果可能沒有那麼好。

應用心理學
臨床心理學

說明 這是屬於實踐性的心理學，目的是運用心理學的知識和技術，為擁有心理障礙或「不適應」社會的人提供建議，力求解決。

使用提示 臨床心理學不只能治療心理疾病，也能幫助生活中背負著沉重壓力的人。建議各位多了解後面將陸續介紹到各種心理療法和研究。

因應戰爭發展至今的臨床心理學

臨床心理學是在美國發端的心理學。發源背景可追溯到第一次世界大戰，目的是為了治療戰爭傷患的心理障礙。現在，臨床心理學不只是因應戰爭，也能幫助在高壓社會下心理受創的人。

第 7 章將解說更多種心理療法，提供給大家作為參考。

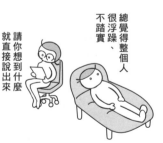

精神分析心理療法
請你想到什麼就直接說出來

總覺得整個人很浮躁、不踏實

訪談者中心療法
什麼都無所謂？
我已經什麼都無所謂了……

認知行為療法
在你有這種感覺以前發生了什麼事呢？
我這種人根本沒有活著的價值

• Knowledge

臨床心理學是在 1896 年，由賓州大學的維特莫（Lightner Witmer）向美國心理學會提出心理診所的重要性後，才開始發展的領域。

應用心理學
文化心理學

說明 這是研究文化與心理關係的心理學，是從比較文化心理學和人類學衍生而來的學問，研究人類的心理在擁有普遍性規律的同時，又是如何受到文化的影響。

補翻 人的心理和行為大多是從歷史與文化的脈絡中形成，因此最重要的是彼此互相理解，並了解對方的國家背景。

┃ 人心可以用文化來解釋嗎？

各位聽過諷刺各國民族性的「沉船笑話」嗎？「有艘搭乘世界各國人民的船就要沉沒了，但救生艇根本不夠，所以乘客必須跳海求生。」那麼，要怎麼對他們說，他們才肯跳進大海呢⋯⋯？

諷刺民族性的族裔笑話

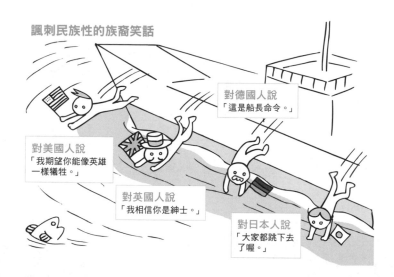

對德國人說「這是船長命令。」

對美國人說「我期望你能像英雄一樣犧牲。」

對英國人說「我相信你是紳士。」

對日本人說「大家都跳下去了喔。」

應用心理學
殘障心理學

說明 殘障心理學是為了深入理解，並支援患有各種不同障礙的人，主張設法延伸發揮障礙者的個性與潛能。

使用提示 人會發生視覺障礙、聽覺障礙、智能障礙、身體障礙等各種障礙，透過殘障心理學可以學習如何接納這些人。

旨在建立多元社會和多元教育

　　1994年，聯合國教科文組織頒布了〈薩拉曼卡宣言〉，聲明教育是「包含身障兒在內的所有兒童基本的權利」，並針對這方面的教育制定融合教育（容納所有學生，反對歧視），鼓勵各國採用。

在日本，凡是員工數超過50人以上的企業，都有雇用身障者的義務。

應用心理學

環境心理學

> 說明 主張環境並非人的「背景」，而是人與環境「交互作用」的心理學。專門研究環境的變化對人類造成的影響。

> 使用提示 可以藉此開拓新觀點，思考如何不透過「人」，而是透過「環境」來改變自己或別人。

大幅降低紐約犯罪率的方法

　　由犯罪學家提出的「破窗效應」（參照P.202），是指如果大樓有一扇破窗放著不修理，就會提高其他窗戶被打破的機率，導致治安惡化。1980年代後半的紐約經常發生殺人等重大刑案，於是當地政府實施「清除街頭塗鴉」的政策，將生活環境整頓乾淨，積極取締輕微犯罪，結果重大犯罪事件也就跟著大幅減少了。

據說作家在靈感枯竭的時候，只要清掃身邊的環境，就能擺脫萎靡的狀態。可見整理環境有多麼重要。

應用心理學
教育心理學

說明 研究人是如何學習、成長的心理學。特別注重教育現場發生的各種問題，並提出解決的線索。

使用提示 人從出生到死亡都在不斷學習。建議各位了解教育方面有哪些理論和實踐方法，作為孩子和自己的學習參考。

涉及多方面的教育心理學

教育不只發生在學校，而是涉及家庭、社會等各式各樣的場所。我們需要從各種不同的角度來幫助孩子學習發展，所以教育心理學與發展心理學、學習心理學等其他心理學關係深遠。這裡介紹教育心理學主要研究的四個領域。

1. 成長與發展
找出孩子在成長過程中的心理特徵，讓學習指導和教育推行得更順利。

2. 學習與學習指導
研究學習與指導的方法，提高教學方法和教材的效果。

3. 人格與適應
以脫離一般學校教育常軌的孩子為對象，研究造成這種狀況的原因和支援方法。

4. 測量與評估
研究智力和人格的測驗評量方法。

第
1
章

應用心理學
工商心理學

說明 研究在公司和職場等「工商業活動」當中人會產生的心理，以及可運用於商業場合的心理學。以「工作」為最大的研究主題，像是職場的人際關係煩惱和心理健康等等。

使用提示 可應用於職場的人際關係和市場的行銷策略。

包羅萬象的心理學

職場閒聊也有好處？

大多數人往往覺得閒聊會「害人停下手邊的工作」。但事實上，研究結果顯示能夠在工作中閒聊的組織，產值都比較高。企業行號會據此採納各式各樣的工作型態，像是有的公司開放員工在家工作，這些都是最好的研究材料。

沒有固定辦公室和桌子的「數位遊牧」工作者愈來愈多。現代人終將面臨照護離職或其他社會問題，所以才會追求更彈性的工作方式。

應用心理學
犯罪心理學

說明 研究罪犯的心理和性格,以及審判時的心理、罪犯矯治、犯罪預防的心理學。

使用提示 各位應該都在新聞上看過令人難以置信的犯罪事件吧?犯罪心理學可以幫助我們學習這類超乎想像的犯罪知識,並找出對策。

不只關注加害者,同時也探討被害者

或許是群眾心理作祟,當企業爆發組織性的犯罪或惡行時,媒體和大眾都會一面倒地撻伐加害者(或當事人)。但其中也有部分案例,需要關心被害者的心理並妥善處理。

日本人會在過失獲得諒解時
產生罪惡感。

應用心理學
學校心理學

說明 學校心理學是解決學校教育現場發生的問題，研究如何輔導和服務學生，並加以實踐。日本有關學校心理學的資格證照包含「學校心理士」。

使用提示 不論是教師、受教兒童或學生，甚至是家長，都可以透過學校心理學，學到如何妥善解決校園問題。

為什麼會有霸凌和怪獸家長？

關於這問題的成因解釋有很多，比如講求同儕壓力和集體主義的日本教育正是孳生問題的溫床，不講求尊師重道的世代已經升格成為父母，或是歸因於將教育視為服務業的消費者意識等等。

也有人認為，這些問題都要歸因於將孩子的父母稱為「怪獸」的媒體和教育人員。

為了避免過去在學校適應良好的孩童，因為霸凌而變得「適應不良」，必須對他付出加倍的關懷。

應用心理學
社區心理學

說明 這是研究職場、學校、地域社會等社區與個人之間的關係所連帶產生的心理,並加以應用的學問。屬於臨床心理學的分支。

使用提示 可以學到如何預防環境適應不良的問題,也可以應用在任何與人際相關聯的場合。

每個人在不同場所,都有不同的面貌

人人都活在社會中複雜的人際關係裡,像是在家會擺出父親或母親的面貌,在公司則是擺出符合立場與職稱的面貌。如果能夠對別人產生興趣,想像他「出身什麼樣的背景」,學會如何站在對方的立場思考,應該有助於緩解社區「適應不良」的問題。

人經常戴著人格面具
(persona)生活。

包羅萬象的心理學

第
1
章

應用心理學
法庭心理學

說明 結合法學和心理學的學問。專門研究人在認罪和作證時的心理狀態，尤其是與審判直接相關的原告、被告、法官、律師，以及證人的心理狀態。

使用提示 「陪審團制度」使得一般民眾也有資格出庭判決被告人。了解審判中所有關係人的心理，可以避免誣告和二度犯罪。

包羅萬象的心理學

▎嫌豬手事件簿

《嫌豬手事件簿》是一部描述關於電車性騷擾誣告事件的日本電影，這部電影也成為心理學的研究材料。根據研究，某些訴訟案件的法官帶有「嫌犯就是真兇」的偏見，所以總是以容易使罪名成立的證詞為優先；加上被害人不願承認自己做出錯誤的證詞，基於這種心理，於是更加強調自己的指控，導致嫌犯背上天大的黑鍋。

被害人在「兩種認知」之間搖擺不定、無法妥協，這種狀態在心理學稱作「認知失調」。

應用心理學
災難心理學

說明 研究人在處於地震和海嘯等自然災難、交通事故和鐵路事故等人為災難當中的心理。也會探討如何應對災難導致的創傷後壓力症候群（PTSD，參照 P.270）等後遺症。

使用提示 近年來自然災害頻傳，使得災難心理學的作用更加重要。透過災難心理學，可以學習如何關懷帶著心理創傷活下去的人。

陪伴、理解與傾聽

對待因災害而被迫與日常生活脫節的人時，首先要盡可能陪伴在他們身邊。因為隨著時間的流逝，受害者會變得只能理解與自己有同樣遭遇的人，出現封閉心靈的傾向。只要陪在他們身邊，我們就會設法理解他們的心情、傾聽他們訴說，讓他們可以藉由訴說來紓解壓力。

災難時期，關懷被害者的人員也同要需要關懷。因為當中有許多人會將自己擺在次要的位置，毫無保留地為人奉獻。

應用心理學
家庭心理學

> 說明 研究家庭關係的心理學。現代社會已從擴展家庭演變為核心家庭，家庭心理學正是要力圖解決在這種社會下發生的家庭問題。

> 使用提示 家人之間的距離、家庭與地緣或社緣的距離變遠，現在各個家庭都正走向孤立。家庭心理學可以讓我們重新思考家庭的存在方式。

三代同堂的家庭式微

　　根據日本厚生勞動省調查（2014年公布），日本的戶口數約為50萬戶（50,112,000戶），有逐漸增加的趨勢。平均每戶人數為2.51人（1953年為5.00人），單身戶、核心家庭日益增多。小孩在家獨自吃飯、老年人孤獨死等堪稱現代文明病的家庭問題，今後肯定會愈來愈嚴重。

無法將孩子託給祖父母照顧的育兒家庭愈來愈多，可能也和托兒所的數量不足有關。

應用心理學
健康心理學

[說明] 健康心理學不只注重心理健康，也維護個人身體與社會健康，因此又分為醫療、護理、教育、運動、營養等各種不同的相關領域。

[使用提示] 為了妥善處理壓力、克服人生各個階段適應不良的問題，最有效的方法是改變生活習慣。

慢跑改善憂鬱症的效果

要改善憂鬱症，最好的方法是促進「血清素」分泌。血清素除了可以透過日照生成以外，肌肉訓練、慢跑等運動也都能刺激大腦分泌血清素。實際上，很多研究結果也顯示「有氧運動有助於改善憂鬱症」、「有規律運動習慣的人不易罹患憂鬱症」。

日本有愈來愈多醫科大學著眼於健康心理學的效果和潛力，紛紛增設相關的課程科目。

應用心理學
運動心理學

說明 運動心理學研究運動選手的行為和心理，解析選手參賽和練習的動機、賽前舒緩焦慮和緊張的方法等。

使用提示 頂尖運動員的心理訓練和實踐行動，可以當作一般人在生活和工作方面的參考，學習如何在關鍵時刻發揮最大的能力，戰勝壓力。

了解自己的Zone

頂尖運動員經常掛在嘴邊的「Zone」，是指在極度專注的狀態下投入競賽的感覺。幫助運動員進入這種狀態的訓練之一，就是想像訓練。建議各位不妨回想一下「自己過去狀態最好的時候」，把它記下來，了解自己能夠在什麼樣的條件下達到巔鋒。

我那時的表現還真是無可挑剔啊……

工作也是一樣。養成回顧今日的習慣，可以締造明日工作的成果。

應用心理學
交通心理學

說明 研究駕駛人與路人的行為和心理特性，預防交通事故和意外的心理學。除了汽車以外，船舶、鐵路、飛機等交通工具也都屬於研究的對象。

使用提示 交通心理學有助於找出鐵路、飛機等大眾交通運輸的重大事故，以及日常交通事故的因應和預防措施，可以提醒大家如何避免成為加害人或被害人。

▋ 交通事故頻傳者的特性

根據日本《交通心理學教導不會引起事故的20個方法》（長塚康弘著）一書內容，容易引發交通事故的人有這些特性：①駕駛技術差卻愛搶快、②預估能力低落、③容易衝動、④自我中心。符合其中任何一項的人，都要多加當心。

你沒長眼啊混帳傢伙!!

我還以為沒問題……

高齡駕駛人引發的車禍已衍生成社會問題。不只是心理學，包括其他方法在內的應對和預防措施，都是當務之急。

應用心理學

宗教心理學

說明 從心理學的角度，研究宗教信仰現象的學問。

使用提示 日本屬於宗教意識較低的國家，但是與其他各國人士互動時，仍需要理解各國的宗教，才能使彼此溝通交流順利無礙。

人為什麼會信仰宗教？

信仰宗教的理由有千百種，像是「只要遵守戒律，死後就能幸福」、「追求心靈平靜」、「打從出生以來，信教就是理所當然的事」等等，或許根本沒有什麼道理可言。就連在印度研究世界最先進科學的科學家，也會在恆河裡沐浴淨身。在科學家眼中，恆河只是條工廠傾倒廢水、汙染嚴重的河川；但在印度教信徒眼中，它是最神聖的河川。兩者都是真理。

恆河是印度教信徒的聖地

在此沐浴，可以淨化靈魂和身體

Chapter 1

應用心理學
藝術心理學

說明 包含藝術作品、藝術活動與藝術家在內，分析研究廣泛藝術的心理學。

使用提示 藝術心理學可以讓我們了解眾多天才是如何竭盡心力創作作品，以及在繪畫、雕刻等藝術活動中，發覺藝術撫慰人心的一面。

藝術才華是「向魔鬼出賣靈魂」的代價嗎？

　　這句引言出自歌德的戲劇作品《浮士德》。有些號稱不世出的藝術家，確實罹患思覺失調症、躁鬱症等各種精神障礙。傑出創作的背後，或許真的必須付出等值的代價。但另一方面，心理學研究也證明了藝術活動確實可以令人感到心靈平靜。

某位藝術家從小就罹患思覺失調症，飽受幻覺和幻聽之苦，於是她便透過創作來表現這些知覺。「圓點」正是她最具代表性的創作主題。

包羅萬象的心理學

第1章

應用心理學
自我心理學

包羅萬象的心理學

> 說明 這是由奧地利精神科醫師海因茨・寇哈特（Heinz Kohut，參照P.99）提出的心理學，專門研究分析「健康自戀」的學問。

> 使用提示 健康的自我是在「野心」、「才華與技能」、「理想」三者達成平衡的狀態下才能成立。三者一旦失衡，人就會得到心理疾病。

┃ 小心自戀型人格疾患

寇哈特在研究自戀型人格疾患（參照P.263）的過程中，發掘了自我心理學。自戀型人格疾患是一種人格障礙，無法喜愛原本的自己，卻也同時深信自己非常重要偉大。

患者必須透過治療，學會與別人產生共鳴、體諒別人的心情。

應用心理學
醫療心理學

說明 比臨床心理學採用更多實踐性醫療技術的心理學。

使用提示 可以學習如何對待、如何接近心理疾病患者，以及飽受身體病痛之苦的人。

體貼病患的心，激發治癒力

醫療心理學主要是幫助普羅大眾培養醫療現場的實踐知識。透過了解病患的心理、壓力管理與心理健康，有助於幫患者提高康復的動力。

我們一起加油吧

我不行了

你要趕快好起來，才能打你最愛的高爾夫球啊

需要留意的是，照護者也同樣需要關懷。

心理學的衍生領域

性心理學

説明 從精神醫學的觀點來研究性的心理學。專門處理性行為、性別認同障礙等問題所造成的「適應不良」。

使用提示 學會認同性的多樣性，深入理解如何建立能讓更多人自在生活的社會。

LGBT議題而推動的社會變化

LGBT，是女同性戀（lesbian）、男同性戀（gay）、雙性戀（bisexual）、心理和生理性別不一致的跨性別者（transgender）的總稱。根據日本電通總研公司2015年的調查，日本人口當中有7.6％的人是LGBT族群。近年來，也有愈來愈多職業運動選手與世界頂尖企業的CEO出櫃，坦承自己是同性戀者。

以歐美為主的世界各國，紛紛制定了同性婚姻法。日本東京的澀谷區、世田谷區也通過了承認同性伴侶關係的條例。

心理學的衍生領域
政治心理學

說明 研究並分析政治人物和民眾在選舉、輿論操作、外交等政治活動當中的心理。

使用提示 政治心理學可以提高我們的素養，明辨政府、媒體等公權力發布的資訊。

群眾心理與一致性原理

所謂的群眾心理，是指構成社會的群眾會追隨特定的潮流。造成群眾心理的原因之一，就是「假想敵」。自己所屬的群體中出現敵對勢力時，人們容易齊心做出相似的行為。一致性原理，則是指某個群體不接受任何異議和反論，只朝特定的方向發展，這種情況特別容易發生在全場共同表決的場合。當人們聚集組成群體時，我們都需要多留意當中所產生的心理傾向。

也有人會利用群眾「崇尚權威」、「渴望追尋真實」等特性來操弄群體。

支持率好高啊……

心理學的衍生領域
經濟心理學

說明 從心理學的角度研究並分析經濟活動的學問。與行動經濟學相反，研究的內容是人在經濟活動中會產生什麼樣的心理、採取什麼樣的行動。

使用提示 只要了解人類在經濟活動過程中的心理，或許就能夠掌控整個市場？

展望理論

展望理論是由諾貝爾經濟學獎得主、美國心理學家兼行為經濟學家丹尼爾·康納曼（Daniel Kahneman）提出的決策理論。其內涵可用以下的實驗簡單說明。

Q1.你可以選擇下列其中一個條件來獲得金錢。

①無條件領取100萬元
②丟硬幣決定，正面可得200萬元，反面則是0元

Q2.你正背負200萬元的債務，可以選擇下列其中一個條件來獲得金錢。

①無條件減免100萬元債務
②丟硬幣決定，正面可免除債務，反面則一樣須償還200萬元的債務

在Q1的情況下，絕大多數人都會選擇最可靠的①；不過在Q2的情況下，儘管①可以保證減輕債務負擔，但大多數人都會選②來賭一把。由此可見，人在獲取利益時，會迴避不必要的風險；在遭受損失時，則會設法擺脫損失。人對於「損失」比「獲得」還要更加敏感，這就是損失規避法則。

掌握人心，成為商業專家

接下來介紹從經濟心理學（不同於行為經濟學）的觀點，針對商業活動所提出的市場行銷理論。只要了解以下四種效應，未來在職場上必定能派上用場。

經濟心理學的四種效應：①框架效應、②雷斯多夫效應、③錨定效應、④蔡氏效應。

★ 框架效應（framing effect）
人會因為事物的某個部分（框架）而改變判斷的基準。比方說，「100人當中有90個人成功」與「100人當中有10個人失敗」，結果雖然一樣，但給人的印象卻大不相同。不採用否定的說法，改用積極正面的說詞，會比較容易吸引人。

★ 雷斯多夫效應（Von Restorff effect）
這是由德國心理學家馮‧雷斯多夫提出的理論。不論喜好與否，人都會在無意間記住不合時宜的醒目事物，又稱為孤立效應。不管物品的品質如何，都可以將它塑造得比周邊事物更「特殊」，藉此加深受眾的印象。這個作法可以立竿見影，但無法確定效果是否持久……。

★ 錨定效應（anchoring effect）
人類在判斷某件事時，會偏重於最先得到的提示或特殊的資訊。「定價7,000元，現在特價只要4,500元，本日再下殺至3,000元！」這種購物網站常用的促銷標語，就是錨定效應的典型範例。

★ 蔡氏效應（Zeigarnik effect）
這是由俄羅斯心理學家蔡格尼克（Bluma Wulfovna Zeigarnik）提出的理論。人會比較容易記住尚未完成或中斷的事情，更勝於已經完成的事。這個方法或許可以應用在電視劇等創作上，為觀眾塑造「結局收得很好」的印象。

心理學的衍生領域
空間心理學

說明 從心理學的角度，研究分析人心與空間，探索對人而言什麼是舒適的空間、什麼是高壓的空間。

使用提示 可以了解人與人之間適當的距離感，進而在家庭或公司建立舒適的環境，讓人際關係更加順利。

為什麼男性都站在右邊？

就像個人空間（參照P.222）、溫度和溼度會造成心理變化（參照P.228），空間也會改變人的心理。例如，男女一同併肩走路時，男性總會在不知不覺間來到女性的右側。根據認知心理學的研究，當人希望依靠對方時，就會傾向於來到對方的「左側」。根據這項研究還衍生了一個說法，就是有事拜託別人時，最好朝著對方的右耳說。

人的特性是往左會比較容易活動，可能是因為心臟偏左或是慣用腳的緣故，說法不一。各位不妨留意一下店家的動線安排。

心理學的衍生領域
軍事心理學

說明 軍事心理學專門研究軍事活動相關人士的心理，以及心理問題的應對方法。另外也衍生出戰場心理學、國防心理學等其他學問。

使用提示 軍事心理學可以活用在多種領域，像是軍人的適性檢測、戰後士兵的創傷後壓力症候群等心理後遺症的照護方法。

人終究還是不願殺人

根據《論殺戮：什麼是殺人行為的本質？》（*On Killing：The Psychological Cost of Learning to Kill in War and Society*，戴夫・葛司曼（Dave Grossman）著）一書，戰場上有超過90％的士兵會刻意不射殺敵人。即便身處在戰爭這種極端狀況之下，大多數人也無法殺人。因此，殺死敵人或目擊有人遇害的士兵，多半都會得到PTSD（參照P.270）。

雖然戰爭是異常的狀況，但人依舊能保持正常的心理。

心理學的衍生領域
異常心理學

說明 研究人類異常行為的心理學。

使用提示 雖然正常與異常的界線相當模糊,不過這裡還是介紹一般最常見的四種類型。

正常與異常只有一線之隔

正常與異常的界定標準,有①適應性、②價值觀、③統計結果、④病理狀況。然而,從右頁四種基準的解釋來看,可以發現正常與異常之間的差別,其實非常模稜兩可。

潔癖和愛乾淨只是一線之隔。每個人或許多多少少都有一點異常。

①適應性

是否適應自己所屬的社會或團體。如果煩惱自己與大家格格不入，那就是異常；如果不覺得這是煩惱，就算是正常。但有些社會或團體本身就屬於異常，因此很難界定。

②價值觀

如果覺得不應該違反自己所屬的社會或是團體制定的「守則」，那就是正常；如果認為違反也無所謂，那就是異常。換句話說，就是能否遵守「不可偷竊他人的物品」、「不可傷害別人」之類的規則。

③統計結果

基準在於是否逸脫自己所屬的社會或團體的平均思維與行為模式。只要在智力測驗取得平均範圍以內的分數就是正常，否則就是異常。

④病理狀況

如果從病理或醫學的觀點判斷為「異常」，那就是異常，反之即是正常。也就是一切依照醫師的診斷。

心靈與身體
是不同的兩個世界

柏拉圖
Plato
BC427 - BC347

古希臘哲學家，蘇格拉底的徒弟，亞里斯多德的老師。代表著作有《蘇格拉底的申辯》、《理想國》、《會飲篇》等著作。他主張身心二元論，認為人的心靈與身體各自獨立，身體會消滅，但靈魂永遠不滅。

心靈與身體
是合而為一

亞里斯多德
Aristotle
BC384 - BC322

柏拉圖的徒弟，古希臘哲學家。他的研究領域十分廣泛，所以又被稱為「萬學之祖」。他研究人類心靈而寫下的著作《論靈魂》，堪稱史上第一本心理學書籍。亞里斯多德主張靈魂與身體是不可分離的一元存在。

勒內‧笛卡兒

René Descartes

1596 - 1650

我思，故我在

法國哲學家、自然科學家，以及數學家。他周遊歐洲各國，曾在德國、荷蘭做過研究。主要著作《談談方法》（編註：中文圈舊譯《方法論》），在哲學史與思想史上具有重大意義。笛卡兒認為肉體與精神是完全不同的存在，主張身心二元論。

伊曼努爾‧康德

Immanuel Kant

1724 - 1804

我的「認識」學說是有如哥白尼般的革命！

德國哲學家。他著有三大批判名著《純粹理性批判》、《實踐理性批判》和《判斷力批判》，提出批判哲學。康德的認識論主張「人無法認識事物的本質，是事物符合心靈的認識」，為過去的客觀主義認識論做了翻盤的變革。後世便引用康德的說詞，將這種完全顛覆既有觀念的轉變稱為「哥白尼式的革命」。

合乎理性的東西都是現實的，
現實的東西都是合乎理性的

格奧爾格・威廉・
弗里德里希・黑格爾

Georg Wilhelm Friedrich Hegel

1770 – 1831

德國哲學家，也是自康德發端的「德國唯心主義」的集大成者。黑格爾認為精神和非物質的存在才是世界的根源，物質存在只是次要產物，奠定了現代哲學的根基。代表作有《精神現象學》。

法蘭西斯・
培根

Francis Bacon

1561 – 1626

知識就是力量！

英國哲學家、神學家、政治家、法學家。他提倡「經驗論」，主張人的知識源自經驗。培根認為可以透過客觀的觀察和實驗來了解心靈，而心靈是用來記錄透過經驗學習到的知識。傳聞莎士比亞是培根的筆名，但是目前缺乏有力證據證實。

人心如白板，人的一切都是靠經驗註記而成

約翰・洛克

John Locke

1632 – 1704

英國哲學家。洛克的認識論主張「人心是一塊白板（拉丁語為tabula rasa），須透過經驗的累積才會寫下各種註記」。此外，他否定君權神授說，是對法國大革命和美國獨立宣言影響深遠的思想家。

人心是多種元素的複合體

威廉・馮特

Wilhelm Maximilian Wundt

1832 - 1920

德國心理學家、生理學家，被稱為現代心理學之父。1879年，他在德國萊比錫大學創立世界第一座心理學實驗室，在心理學史上，心理學就是從這個時候開始正式成為一門獨立的學問領域。此後，駁斥馮特思想的完形心理學興起，其他多樣學說也促進心理學的發展。

第2章
心理、身體與大腦的關係

當你思考「心在何方？」這個大哉問時，肯定需要先了解心靈與身體、大腦的關聯吧。這一章將會解說人產生感覺和知覺的機制，以及大腦哪個部位的作用可以使人類更富人性。當你發現人並非無時無刻都能正確地感知資訊後，肯定更能體會到人心的奧妙之處。

感覺與知覺

<u>說明</u> 人接收到聲音、氣味等外來的資訊，會做出各種判斷。所謂的感覺是「好像有什麼聲音」，而知覺是「我聽到有人叫我」。

<u>使用提示</u> 開始意識到自己平常沒有意識到的感覺和知覺，將五感磨練得更敏銳，才能及時察覺危險，對機會更加敏感。

感覺與知覺的差別

人會感受到平日常見的各種資訊（聲音、氣味、味道、顏色等等），並認識那些資訊的具體內容。

<u>感覺</u> 接收資訊

感覺是指眼、鼻、口等感官將接收的資訊傳到大腦後產生的感受。

> 感覺是指「這個氣味是什麼啊」、「那是什麼」之類的感受。

<u>知覺</u> 認識接收的資訊

知覺是指大腦從接收到的資訊來分辨形狀、大小、內容，認識事物的實體。

> 知覺是指「這是咖哩的味道」、「啊，那不是100萬大鈔嗎」這類可以掌握到事物實體的感受。

藉由記憶、思考、學習與經驗處理資訊

感覺和知覺是大腦初步的資訊處理工作；相較之下，記憶、思考、學習則是更高等的資訊處理工作。心理學會同時研究這些機能，解析人心的運作機制。此外，人會以串連的方式來記憶事物。比方說，我們都知道走進餐館後的流程是「入座、看菜單、點餐、進食、結帳」，所以就算踏進沒去過的店家，也不會感到困惑。這種以串連的方式記憶事物的作法，在心理學稱作「基模」（schema）。

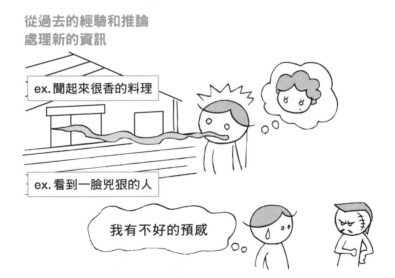

從過去的經驗和推論
處理新的資訊

ex.聞起來很香的料理

ex.看到一臉兇狠的人

我有不好的預感

人是透過經驗和推論來處理接收到的資訊，判斷出「這個應該是○○」。像是「這麼香的味道，應該是老媽煮的味噌湯吧！那保證好喝沒話說！」或是「總覺得長這樣的人不是什麼好東西，我有不好的預感」，這類感受都是源自這種心理作用。其中又以嗅覺特別容易喚起人的記憶，這是因為大腦中「嗅覺皮層」的位置，非常靠近主宰記憶的「海馬迴」的緣故。

心與腦

> 說明 感覺是眼、耳等感官將接收到的外界刺激,透過末梢神經傳達到中樞神經,再由大腦處理這些資訊。因此人在一開始會先產生「痛」、「刺眼」、「美味」這些感覺。

> 使用提示 了解大腦的構造,可以得到解決問題的啟示。

認識五感

　　人的感覺有視覺、聽覺、嗅覺、觸覺、味覺這五種。最早做出這個分類的人,正是古希臘哲學家亞里斯多德。各個器官將接收到的刺激轉換成電子訊號,傳到中樞神經後,就會產生這些感覺。

視覺
眼球藉由光線接收資訊

嗅覺
嗅球接收到氣味

觸覺
手是非常敏銳的感覺器官

聽覺
聲波會集中到耳朵

味覺
味蕾接收味道

這就是五感嗎!

天空好藍啊

是誰在叫我

好像有什麼香氣

比想像中還重

這個好辣!

五感是由亞里斯多德提出的分類。

知覺的種類

說明 知覺是將感覺得到的資訊，彙整成可理解的概念。例如聲音、文字、詞彙、顏色、現象、空間、社會性知覺等多種知覺。

使用提示 好比說單純把人聲轉換成言語，訓練知覺的能力，可以讓我們的行為更人性化。

五花八門的知覺

為什麼人僅僅只是聽到聲音，就能察覺是英語還是日語呢？這是經由學習和經驗所磨練出來的能力。嬰兒在出生後半年到一年內，便會逐漸培養出符合母語的知覺。若要將特定的事物認知為特定的概念，最重要的就是經驗。

THE CAT

引自《心理學》(有斐閣双書)

上面的詞讀作「THE CAT」。但是仔細一看，第2個字母和第5個字母明明相同，前者看起來卻是H，後者看起來則像A。這就是學習如何對知覺產生作用的典型範例。

心理、身體與大腦的關係

視覺

說明 觀看物體的感覺。包含視力、視野、光覺、色覺、雙眼視覺、運動視覺等範疇，屬於五感中最發達的感覺。

使用提示 務必要了解觀看物體的原理，然後再來認識與視覺相關聯的錯覺——視錯覺（參照P.90），就能發現視覺的不準確性。

我們如何看見物體？

當光線照入視網膜，視細胞就會接收這股刺激，轉換成電子訊號，透過視神經傳導至大腦的視覺皮層，於是人就能認識到物體的顏色和形狀。右視野的資訊會傳導至左腦的視覺皮層，左視野的資訊則會傳導至右腦的視覺皮層。左右眼接收到不同的成像，會在腦內統合，使物體看起來呈現立體感。

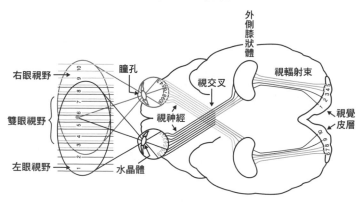

聽覺

說明 聽取事物的感覺。聽覺器官可以感受到空氣振動所產生的聲波，而大腦的聽覺皮層能分辨音源的方向和距離。

使用提示 務必要了解人認知聲音的原理。此外，我們能夠聽見的聲音，也會隨著老化而改變。

成人聽不見的聲音

　　人類可以聽見的頻率（1秒內的振動次數）為20～20,000赫茲，日常會話的頻率大約是500～5,000赫茲。隨著年齡增長，人的可聽範圍就會縮小，漸漸聽不清楚高頻率的聲音。例如17,000赫茲的超高音，大約只有25歲以下的人才能聽見。

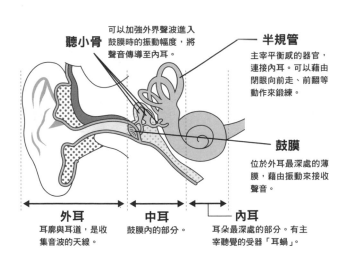

聽小骨
可以加強外界聲波進入鼓膜時的振動幅度，將聲音傳導至內耳。

半規管
主宰平衡感的器官，連接內耳。可以藉由閉眼向前走、前翻等動作來鍛鍊。

鼓膜
位於外耳最深處的薄膜，藉由振動來接收聲音。

外耳
耳廓與耳道，是收集音波的天線。

中耳
鼓膜內的部分。

內耳
耳朵最深處的部分。有主宰聽覺的受器「耳蝸」。

第
2
章
—
心
理
、
身
體
與
大
腦
的
關
係

觸覺

說明 在觸摸或被觸摸時認識物體的感覺。只要參照 P.40 的「皮質小人」，就能知道身體哪些部位比較敏感。

使用提示 可藉此了解人在觸摸物體時，是透過什麼原理認識。來看看人體哪個部位是最敏感的吧。

皮膚下方充滿各式各樣的受器

觸覺當中，有感受疼痛的痛覺、感受溫度的溫覺和冷覺，以及感受壓迫的壓覺等。觸覺來自各式各樣的受器，它們就分布在皮膚的表層與下層，接收到的資訊會傳送到大腦的體感皮層。體感皮層非常發達，以便感受手、臉等部位傳來的資訊。

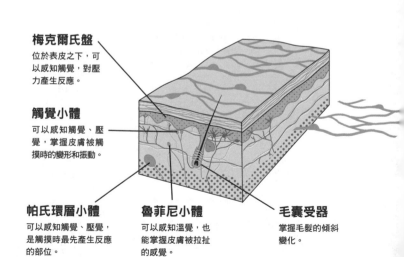

梅克爾氏盤
位於表皮之下，可以感知觸覺，對壓力產生反應。

觸覺小體
可以感知觸覺、壓覺，掌握皮膚被觸摸時的變形和振動。

帕氏環層小體
可以感知觸覺、壓覺，是觸摸時最先產生反應的部位。

魯菲尼小體
可以感知溫覺，也能掌握皮膚被拉扯的感覺。

毛囊受器
掌握毛髮的傾斜變化。

嗅覺

說明 感受氣味的感覺。受器接收化學物質,使大腦的嗅覺皮層產生認識後,就能分辨這個氣味討不討喜。

使用提示 芳香的氣味和討厭的氣味大約有40萬種,當這些混合在一起進入鼻腔時,人是透過什麼途徑認識它、判斷它呢?

嗅覺可以決定生死?

當氣味進入鼻腔後,鼻細胞就會掌握相關資訊,並轉換成電子訊號傳送至大腦的嗅覺皮層,使人感受到氣味。嗅覺可以幫助我們判斷食物是否腐敗、是否能夠食用,所以也是一種主宰人類生死的感覺。

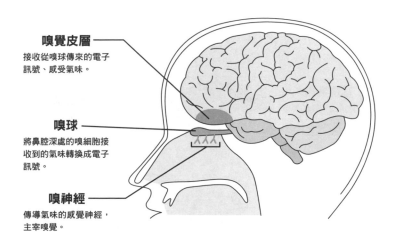

嗅覺皮層
接收從嗅球傳來的電子訊號、感受氣味。

嗅球
將鼻腔深處的嗅細胞接收到的氣味轉換成電子訊號。

嗅神經
傳導氣味的感覺神經,主宰嗅覺。

味覺

說明 主要用來認識甜味、酸味、鹹味、苦味、鮮味的感覺。

使用提示 味覺和嗅覺一樣,是受器接收進入口腔的化學物質時,認識味道的感覺。

「味覺圖」是否可信?

1942年,美國心理學家波林(Edwin Boring)提出舌頭味覺分布示意圖的「味覺圖」(如下圖)學說,並且廣為流傳,但是後來卻證實這個理論錯誤。目前最新的研究認為,舌頭整體都遍布著可以感受多種味道的味蕾。

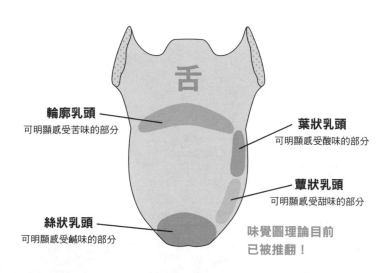

輪廓乳頭
可明顯感受苦味的部分

葉狀乳頭
可明顯感受酸味的部分

蕈狀乳頭
可明顯感受甜味的部分

絲狀乳頭
可明顯感受鹹味的部分

味覺圖理論目前
已被推翻!

末梢神經與中樞神經

說明 視覺、聽覺、嗅覺、觸覺、味覺等感覺傳遞至大腦的關鍵，就在於末梢神經與中樞神經。

使用提示 了解刺激是如何透過電子訊號成為感覺。

感覺是多種資訊處理後的產物

從各個受器接收到的刺激，會轉換成電子訊號，透過遍布全身的末梢神經，傳導至由大腦和脊髓構成的中樞神經，這就是資訊處理的結構。我們並不是直接認識眼睛看到的事物，而是透過各式各樣的途徑處理看到的資訊，才會產生感覺。

好痛！

腦
處理末梢神經送來的電子訊號，產生感覺，接著再向全身發出指令。

脊髓
傳達感覺和運動的刺激，具備反射功能。脊髓受到刺激時直接產生反應的現象，就稱作脊髓反射。

末梢神經
掌握感覺刺激等資訊，傳遞至中樞神經，同時也負責將中樞神經的指令傳至身體各處。

大腦皮質

說明 人類大腦中最發達的領域，就是「大腦皮質」。大腦皮質可以孕育出我們通稱的「人性」。

使用提示 大腦皮質會控制情緒和感動。建議各位學習心理學的同時，也涉獵大腦科學的相關知識，可以更深入了解心理。

占腦全體約80％的大腦

大腦表面覆蓋了厚度約2～3公釐的大腦皮質，上面有大約140億個神經細胞。大腦皮質主掌記憶、思考、情感等人類相關的心靈活動。

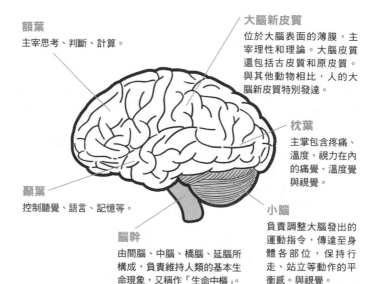

額葉
主宰思考、判斷、計算。

大腦新皮質
位於大腦表面的薄膜，主宰理性和理論。大腦皮質還包括古皮質和原皮質。與其他動物相比，人的大腦新皮質特別發達。

枕葉
主掌包含疼痛、溫度、視力在內的痛覺、溫度覺與視覺。

顳葉
控制聽覺、語言、記憶等。

小腦
負責調整大腦發出的運動指令，傳達至身體各部位，保持行走、站立等動作的平衡感。與視覺。

腦幹
由間腦、中腦、橋腦、延腦所構成，負責維持人類的基本生命現象，又稱作「生命中樞」。

腦功能側化

腦功能側化是指大腦（尤其是大腦皮質）的各個部位都具備不同功能的理論。例如右腦具備直覺性與空間性的功能，左腦則具備理性和邏輯性的功能。

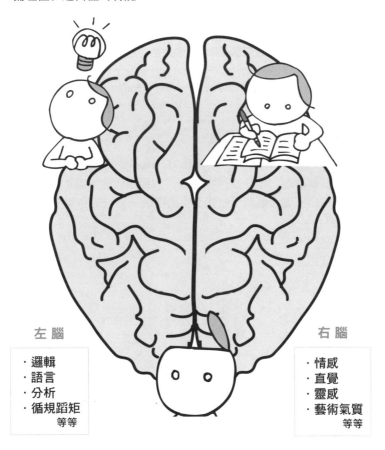

左腦

- · 邏輯
- · 語言
- · 分析
- · 循規蹈矩
  　　　等等

右腦

- · 情感
- · 直覺
- · 靈感
- · 藝術氣質
  　　　等等

就像日本人大多喜歡依據血型來判斷性格一樣，左腦人、右腦人這種分類法也是一種類型論。但是如同左頁所說，腦的各個部位各司其職，並沒有特別偏重哪一邊。

腦損傷和失語

說明 發生如腦梗塞等大腦中樞（語言皮層）受損情形時，可能會罹患失語症。這一節將解說腦部受損時會發生的問題。

使用提示 可以深入理解腦損傷與記憶、失智症的關係。

失去海馬迴的癲癇患者

1950年代的美國醫學，認為癲癇之所以會造成突發性痙攣，原因在於腦部的「海馬迴」，便進行了海馬迴切除手術。手術的結果，是患者確實大幅減少痙攣發生的次數，但代價是失去形成記憶的能力。

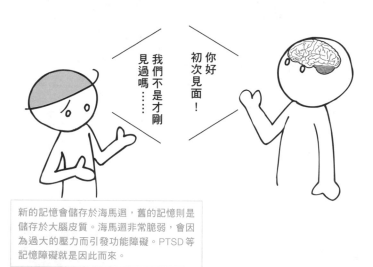

新的記憶會儲存於海馬迴，舊的記憶則是儲存於大腦皮質。海馬迴非常脆弱，會因為大的壓力而引發功能障礙。PTSD等記憶障礙就是因此而來。

腦部障礙與失智症

現代年齡在85歲以上的老年人當中，大約每四人就有一人罹患失智症。失智症又分為腦細胞壞死或衰退所引發的病例，以及腦部損傷造成的病例。

★ 阿茲海默症：大腦萎縮

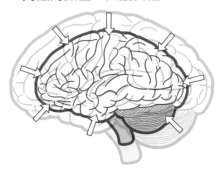

腦神經細胞逐漸壞死，或大腦萎縮後產生的疾病。等到症狀出現時，病情已經很嚴重了。失智症患者中，大約有6成都是阿茲海默症。

阿茲海默症等

★ 血管性失智症：大腦一部分受損

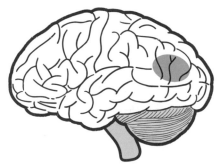

由於腦梗塞、腦溢血等腦部損傷，導致一部分腦細胞缺血而引發的疾病。會引起手腳、視力等神經障礙，還有失語症等障礙。症狀會因大腦損傷的部位而異。

血管性失智症

一般健忘的人，都是「很清楚自己健忘」、「忘記經驗的一部分」；但失智症是「不知道自己健忘」、「忘記整段經驗」。兩者的差異就在這裡。

視錯覺

說明 對視覺得到的資訊產生錯誤認識的現象,就稱作視錯覺。透過視錯覺,可以了解人對資訊的知覺並非一直都是正確無誤。

使用提示 人對於實際所見的物體,感知的方式其實相當敷衍。只要了解這一點,就會改變觀看事物的心態了。

┃ 大腦習性造成的視錯覺

我們知道自己正在看,是因為大腦感知到眼、耳等感覺器官受到的刺激。大腦習慣以概括的形式(模式)來掌握物體,所以認知才會與物體本身產生落差(視錯覺)。

★ 慕勒─萊爾錯覺

兩條直線長度相同,但只要在兩端加上方向不同的箭頭,就會使下方的直線看起來比較長。

在上方相交的2條線之間畫出2條平行線。2條線其實長度相同,但上面那條看起來比較長。這就是受到遠近感的影響。

★ 左氏錯覺

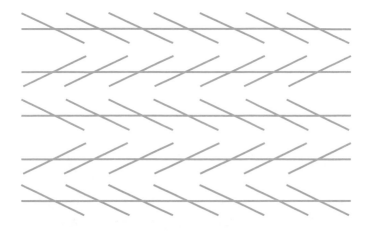

所有橫線條都是平行線，但是只要一加上短斜線，看起來就是傾斜的。

★ 波根多夫錯覺

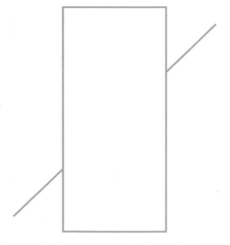

在斜線的中間用其他圖形（這裡用長方形）遮蓋，就會讓其實是相連的斜線看起來是不同的2條線。

★ 艾賓浩斯錯覺

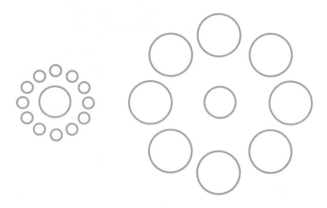

2個同樣大小的圓，被小圓圈圍住就會顯得比較大，被大圓圈圍住就會顯得比較小（也可能不單是視錯覺，而是心理上的錯覺暗示所造成的結果）。

★ 赫曼方格錯覺

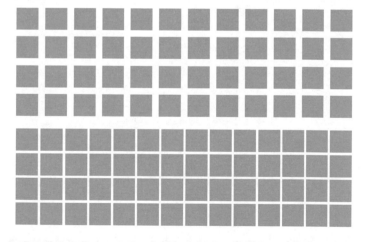

在白線相交的部分，可以看見根本不存在的暗點。有趣的是，你只要一直凝視暗點就會消失，卻還是看得見周圍有暗點。

★ 弗雷澤圖形錯覺

只要用手指描線就會發現，這些看似漩渦的曲線，其實都是同心圓。

★ 明斯特伯格錯覺

在平行線上下畫出位置稍微偏移的同色正方形，就會使線條看起來呈傾斜。

第2章 —— 心理、身體與大腦的關係

感覺與順應

說明 人的感覺會因為習慣刺激，或是在某些環境下無法順利運作而受到影響。

使用提示 痛苦的事只要習慣了就能撐過去，這麼想的話多少能讓心輕鬆一點。但是，過度忍耐也會讓心理生病，必須多加留意。

熱水只要習慣就沒什麼大不了？

如果持續接受同樣程度的刺激，感受性就會變得遲鈍，進而習慣。像是習慣泡滾燙的洗澡水之類的現象，就稱作順應。

在黑暗的房間裡待久了，眼睛就會習慣；起初很在意別人家裡或店鋪裡的氣味，但待久了便不在意了。這些都是順應的現象。

★ 遮蔽

這是指受到刺激後，用另一種刺激來消除的行為。比如在肚子痛時故意碰撞小指，就會忘記肚子的疼痛。

★ 雞尾酒會效應

人對於在意的聲音會變得特別敏感，即使有雜音，也能將意識集中到那股聲音上。

支應性理論

說明 過去的知覺理論認為「人是直接認知眼前的事物」，但美國心理學家吉布森卻主張「人是認知對象物體能夠給予（afford）自己的價值」。

使用提示「這個東西對我有什麼用途？」這種支應性的觀點，能夠活用在設計或其他創造活動上。

┃ 門應該用推的還是拉的？

比方說，門上只有要門把，我們一看就知道「這扇門是要用拉的、還是用推的打開」。如果做一扇有門把、卻必須往旁邊滑才能打開的門，可能便會造成知覺混亂。

這個理論有助於思考何謂使用的便利性。

心靈分為意識、前意識和潛意識

西格蒙德‧佛洛伊德

Sigmund Freud

1856 – 1939

奧地利精神分析學家、精神科醫師,精神分析學的創始人。他在17歲進入維也納大學醫學院就讀,專攻神經生理學。之後前往法國留學,期間學到神經學權威沙可(Jean-Martin Charcot)的催眠術,透過實踐確定人具有潛意識,於是發展出精神分析的手法。1900年,佛洛伊德出版了代表作《夢的解析》,但出版6年僅賣出了315本。順帶一提,他還是個老菸槍。

我們都擁有全人類共通的集體潛意識

卡爾‧古斯塔夫‧榮格

Carl Gustav Jung

1875 – 1961

瑞士精神科醫師、心理學家。他專門研究深層心理,並創立了分析心理學的理論,通稱「榮格心理學」。榮格心理學與佛洛伊德精神分析學的共通點,在於同樣會分析個人的意識和潛意識;不同點在於,榮格主張人類的潛意識深處,有超越個人、全人類共通的「集體潛意識」。

了解心靈的線索在於以客觀的方法研究行為

約翰・華生
John Watson
1878 – 1958

美國心理學家，行為主義心理學的創始人。相對於以馮特的思想為基礎建構的德國實驗心理學，華生則是從人類受到的刺激和反應所導致的行為來研究心理學。另外，他在心理學學會擔任要職後，還轉行投入商務廣告業。

亞伯拉罕・哈羅德・馬斯洛
Abraham Harold Maslow
1908- 1970

美國心理學家，提倡人性心理學。人性心理學作為介於精神分析與行為主義之間的「第三勢力」，旨在研究關於心理健康的心理學。馬斯洛最知名的研究，就是著重於人類需求的層次理論（參照P.27）。

滿足心靈的需求可以使人成長

狗和人一樣都是生物，理應會產生條件反射

伊凡・彼得羅維奇・巴夫洛夫

Ivan Petrovich Pavlov
1849 – 1936

俄羅斯生理學家。他透過巴夫洛夫的狗這項實驗，提出了「古典制約」理論。巴夫洛夫從外科醫師轉行成為生理學家，專門研究條件反射，為大腦生理學開拓了新的方向。現在依舊能輕易讀到他所寫的《大腦兩半球機能講義》。

世界是由主觀的認識建構而成

艾德加・約翰・魯賓

Edgar John Rubin
1886 – 1951

丹麥心理學家，曾師從德國心理學家慕勒（G. E. Müller），因構思出模稜兩可圖形「魯賓之壺」而聞名。他以現象學方法，分析並記述了背景與圖形的認識關係。著有《視覺認知圖像》（*Synsoplevede Figurer*）等書。

遺忘與經過的時間 兩者之間具相關性

赫爾曼・ 艾賓浩斯

Hermann Ebbinghaus

1850 – 1909

德國心理學家。他是記憶的實驗性研究先驅，深受費希納的精神物理學影響，以「遺忘曲線」而聞名。艾賓浩斯是最早畫出學習曲線的心理學家，對視錯覺的發現也頗為深遠，艾賓浩斯錯覺正是為了紀念他的貢獻而特別命名。

海因茨・ 寇哈特

Heinz Kohut

1913 - 1981

你能夠愛 原本的自己嗎？

奧地利精神科醫師、精神分析學家。他提倡精神分析式的自我心理學，也是著名的自戀型人格疾患的研究先行者。他在1968年發表的論文〈自戀型人格疾患的精神分析治療〉是自我心理學的理論先驅，之後出版成書籍《自體的分析》。

第3章
認識自己的線索

要逐漸適應社會，首先要從認識「自己」開始。如果能夠了解自己的情感和情緒的來源、性格的類型和特性，以及潛藏的情結，肯定會活得比現在更輕鬆自在。此外，理解人從出生到死亡的過程中會如何發展，如何事前預測危機的降臨，也能幫助你克服困境。

情感與情緒

說明 人類是情感的動物。情感和情緒的發生,是為了促使人做出求生必備的行為。

使用提示 理解自己和對方的情感,人生會頓時輕鬆許多。即便有壞事發生,也能轉換情感來抵消它!

情感與情緒會在湧現後消失

如同 P.38 介紹,情緒和情感的差異,在於是「原始的(情緒)」,還是「人類特有的(情感)」。情感與情緒會互相影響,所以若是在某種情感之後緊接著又萌生了其他情感,人多半都會忘記前面發生的情感。

★ **情感**　　　★ **情緒**

肚子咕嚕叫。一想到「肚子餓了」就冷靜下來。

吃飽了。咦,我剛剛為什麼生氣啊?

情感其實非常單純,人只要填飽肚子就會開心。遇到生氣的人,不妨約他去吃頓飯吧?

情感發生的過程

說明 是「因為哭泣而悲傷」,還是「因為悲傷而哭泣」? 有兩派說法可以解釋情感發生的過程。

....

使用提示 只要應用詹姆斯－蘭格理論,無論再怎麼悲傷,或許都有辦法克服。痛苦的時候,才更需要歡笑。

....

▎坎巴二氏情緒理論與詹姆斯－蘭格理論

坎巴二氏情緒理論主張人是先有「悲傷」的情感,才會發生流出眼淚這種生理反應。另一方面,詹姆斯－蘭格理論則是主張人先感受到自己「正在哭泣」,才會產生「悲傷」的情感。近年來興起的方法,建議人在哭泣時刻意露出笑容,這便是應用詹姆斯－蘭格理論,使大腦誤以為自己感到「快樂」,心情就會輕鬆起來,這個方法就叫作臉部回饋假說。

詹姆斯－蘭格說
感受到自己「正在哭泣」,所以才會產生「悲傷」的情感。生理反應先於情感。

坎巴二氏說
先感受到「悲傷」,所以才會產生「哭泣」的生理反應。

也有說法主張,頂尖運動員只要笑著衝刺或參與比賽,就能提高競賽成績。

第3章

認識自己的線索

性格與人格

說明 心理學認為人格包含了一切知性、情感與意志,性格則是指人格當中的情感與意志。

使用提示 只要了解性格與人格是與生俱來還是後天養成,就能改變自己討厭的性格。

性格與人格

性格又能分為「個性」與「品格」。個性是與生俱來,或是遺傳得來的性格;品格則是在成長過程中,受到外界刺激而養成的後天性格。而後天的性格是可以經由學習改變!

個性(Character)
英文的 Character 是從「雕刻」衍生而來的詞彙,意指與生俱來的性格。

品格(Personality)
Persona 的原意是「面具」,意指人在成長過程中培養出來的後天性格,可以改變。

性格的
類型論與特質理論

說明 有兩種理論可以幫助我們了解心理學所謂的性格，分別是性格的類型論與特質理論。以下將介紹克雷奇默（Ernst Kretschmer）、榮格、薛爾頓（William Herbert Sheldon）等人提出的經典範例。

使用提示 了解性格的類型論，就能從外表來推斷自己與對方的性格。

以數種典型來概括性格

首先來談性格的類型論。這是根據體型等外在條件，概括出大方型、龜毛型等各種典型的性格。另外還有像是以攻擊性5、情感性3等幾種特質的強弱程度來衡量性格的特質理論。類型論當中較著名的有克雷奇默類型論（參照P.106）、薛爾頓類型論（參照P.106）、榮格類型論（參照P.108）。

特質理論包含卡特爾（Raymond Bernard Cattell）、奧爾波特（Gordon Willard Allport），以及五大性格特質（參照P.111）等。類型論和特質理論都有各自的優缺點，終歸只是性格分析的參考。

人的性格不會因為減肥變瘦而改變。不過有句話說「只要心理改變，行動就會變；只要行為改變，習慣就會變；只要習慣改變，人格就會變；只要人格改變，命運就會變；只要命運改變，人生就會變」，這也確實是至理名言。

第3章

認識自己的線索

恩斯特·克雷奇默和薛爾頓的類型論

說明 類型論是由德國精神醫學家克雷奇默，以及美國心理學家薛爾頓所提出。這項理論著重於體格與性格的相關性，並將人的氣質分為三種類型。

使用提示 可以試著根據人外在可見的體格特徵，類推對方內在不可見的性格。兩種類型論的論調非常類似。

性格與體格有一定的相關性

德國精神醫學家克雷奇默在診察多名精神病患者時，發現體格與性格（氣質）有一定程度的相關性。他將氣質分為三種類型，各種氣質都與特定的體格或精神病相互關聯。

克雷奇默
肥胖型

個性敦厚、善於社交，但時而開朗時而陰鬱，脾氣不穩定。有躁鬱氣質。

薛爾頓
內胚型

個性溫和、怡然自得。善於社交，但脾氣不穩定。相當於克雷奇默的肥胖型（躁鬱氣質）。

克雷奇默
削瘦型

個性拘謹、一板一眼，心靈容易受傷，不善於社交。有思覺失調氣質。

薛爾頓
外胚型

感性豐富，健康欠佳，不擅長與人往來。相當於克雷奇默的削瘦型（思覺失調氣質）。

克雷奇默
強壯型

循規蹈矩，忍耐力強。容易沉迷特定事物，不善於傾聽別人的意見。有黏著氣質。

薛爾頓
中胚型

身體強壯，自我主張也很強，活潑好動，有強迫別人的傾向。相當於克雷奇默的強壯型（黏著氣質）。

| 超過4000份檔案歸納得出的氣質類型

薛爾頓批評克雷奇默的類型論是以觀察精神病患者為根據，理論過於抽象。他收集了4,000名正常男學生的體型和氣質資料，依照他們在胎兒期細胞最為發達的部分，將人的氣質分類為內胚型、中胚型、外胚型。

榮格的類型論

說明 榮格提出的類型論，是依據原慾（libido，心靈能量）所面對的方向來分類性格。

使用提示 從心理的面向將性格分為八種類型，可以更深入理解人的性格。

內向性與外向性，以及四種機能

榮格依照原慾（心靈能量）的面向，將人的氣質分為「內向性」與「外向性」；接著他又著眼於心靈的機能，再細分出思維型、情感型、感覺型、直覺型。將兩者交叉組合，為人的性格分出八種類型。

心靈能量的面向

外向性	內向性
・心靈能量朝向周圍和現實	・心靈能量朝向自己的內在
・善於社交，活潑開朗	・經常封閉在自己的世界裡
・不輕易跟隨別人的意見	・容易聽信別人的意見

4種機能

思維型	情感型	感覺型	直覺型
・擅長思考 ・善於掌握事物的邏輯	・喜怒哀樂起伏很劇烈 ・會依個人喜好判斷事物	・五感很敏銳 ・善用觸感和嗅覺等感官判斷事物	・注重靈感 ・做事習慣靠靈機一動

[思考型]

外向性

凡事都能客觀思考，願意接納別人的忠告。有常識。

內向性

傾向於關心自己的內心，容易固執己見。注重理論，頑固。

[情感型]

外向性

活潑、感情豐富。善於社交，但是不會思考太多。經常追求流行。

內向性

感性較強，注重充實內在。表面上很穩重，但有自己的堅持。

[感覺型]

外向性

擁有面對現實的力量，能夠享受人生和生活的快樂類型。有耽溺享樂的一面。

內向性

具備獨特的感覺和感性。可能會因為得不到大家的理解而勞心傷神。

[直覺型]

外向性

注重靈感，相信並追求可能性的冒險家類型。有沒耐性的一面。

內向性

愛作夢的詩人類型。不在乎自己格格不入，擁有靠憑靈感行動的藝術家特質。

第
3
章

認
識
自
己
的
線
索

性格的特質理論

> **說明** 這個理論主張人格是由好幾種特質所構成，並以數值表現各種特質的程度，藉以掌握整體的性格。

> **使用提示** 可以藉此查出自己的性格特質當中哪一項最為突出，作為了解性格的線索。

特質理論——補充類型論的不足而誕生

類型論是設定幾種大概的類型，用以解釋各種不同的人類性格。但由於類型有限，必定會出現不符合特定類型的性格。因此，20世紀以後，便出現了特質理論。特質理論主張人的性格是「攻擊」、「勤勞」等多種特質的複合體，並將各種特質數據化，藉此來掌握整體的性格。

奧爾波特（美國心理學家）
奧爾波特（Gordon Allport）從辭典裡找出18,000個可以形容性格的詞彙，再從中抽出性格的特質因素。

卡特爾（英國心理學家）
卡特爾（Raymond Cattell）運用因素分析法，分析出16種特質。

聰慧性、敏感性、獨立性、恃強性、穩定性、自律性、敢為性、憂慮性、幻想性、實驗性、緊張性、興奮性、樂群性、懷疑性、世故性、有恆性

現代常見的「五大性格特質理論」

特質論的問題，在於應該要抽取哪些特質作為分類基準。在此之前，許多學者對於特質的數量和種類都有各自的主張；近年來的主流，則是以五種特質的組合來表現人類各種性格的「五大性格特質理論」。

誠實性
・是否有進取心、願意努力
・是否認真誠實

情緒穩定性
・是否能保持精神狀態平衡
・情緒是否穩定

外向性
・心靈能量是否向外發散
・是否開朗、活潑、積極
　培養人際關係

開放性
・是否關心新的
　經驗和知識
・好奇心是否旺盛
・是否具有獨創性

協調性
・身邊的人際關係
　是否順利
・是否對人溫柔體貼

**透過五種特質因素的強度，
可以大致掌握性格。**

第
3
章

認
識
自
己
的
線
索

各種性格測驗

說明 性格測驗是指診斷性格、判斷人格用的心理檢查。主要分為問卷法、投射法、自然實驗法共三大類型。

使用提示 可以藉此了解自己從未注意的潛意識自我性格，也能應用於企業徵才面試和人事考核。

▌以客觀方式察覺隱藏的性格

性格測驗的目的，是為了判斷做測驗的人的性格。除了測驗以外，還有面談、行為觀察等其他方法，但這些方法多半會受到面試官或觀察者的主觀影響。因此才會研發出相對容易做出客觀判斷的性格測驗。

★ 問卷法 —— 矢田部吉爾福特性格測驗（YG測驗）

矢田部吉爾福特性格測驗是以十二種性格特質為主，調查受試者的哪些特質比較強，藉此判斷受試者比較接近五種類型中的哪一種。

這個測驗會將受試者在問卷上填寫的答案數據化，但缺點是受試者若故意不照實作答，那麼測驗結果就沒有任何意義。

矢田部吉爾福特性格測驗
受試者須依照「你具有決斷力」、「聽到別人說你壞話會懷恨在心」等問題，從「是」、「否」、「兩者皆非」3個選項當中作答。

★ 矢田部吉爾福特性格測驗的性格特質

①抑鬱性	陰鬱、悲觀、常有罪惡感
②循環性	情緒多變、易受驚
③自卑感	是否有自信心、不適應感
④神經質	愛擔心、神經過敏
⑤主觀性	愛幻想、主觀性的強度
⑥非合作性	愛抱怨、對人的信任感
⑦攻擊性	攻擊性強、社交活動性
⑧一般活動性	是否活潑好動、喜愛運動
⑨樂天性	隨便、衝動
⑩思維外向性	不愛深入思考、不會反省
⑪支配性	指導能力、領袖氣質
⑫社會外向性	人際關係的傾向

這個……

★ 投射法 ── 羅夏克墨漬測驗＆畫樹測驗

　　這個方法是讓受試者面對模稜兩可的問題或刺激，根據其答案或反應加以分析。這個測驗設計的目的是要反映受試者沒有意識到的另一面，優點是受試者很難刻意篡改答案，但很考驗解析者的本事。常見的測驗有「羅夏克墨漬測驗」、「畫樹測驗」等。

★ 羅夏克墨漬測驗

讓受試者觀看左右對稱的墨漬圖案，並憑第一印象回答圖案「看起來像什麼」、「哪個部分像」、「為什麼覺得像」等問題。

★ 畫樹測驗

請受試者畫一棵樹，再根據樹的形狀，解析受試者的性格和心理狀態。如果畫出的樹幹很粗，代表受試者很有自信。

A型人格與B型人格

說明 競爭意識強烈、具有攻擊性且易怒,這都是性急的人的性格特質。
美國醫師傅利曼(Milton Friedman)和羅森曼(Ray H. Rosenman)
認為這種性格的人容易罹患心臟疾病,並命名為A型人格。

使用提示 可以多多注意性格與特定疾病的關聯。你本身是否具有這種傾
向?不妨也觀察周遭,如果有符合這些描述的人,要建議他適度休息。

這類人小心容易罹患心臟病!

傅利曼注意到心臟病患者用的候診室椅子,只有前面磨損得特
別快。他仔細觀察後,發現心臟病患者為了方便馬上起身,椅子
通常都坐得特別淺,非常焦躁地等候看診,所以椅子的前端才會
磨損得那麼快。其實,競爭意識強烈、有性急傾向的人容易累積
壓力,也容易罹患心血管疾病。

A型人格的性格特徵

- 非常積極想要達成目標
- 競爭意識十分旺盛
- 富有野心
- 總是趕時間
- 性急且容易焦慮
- 警戒心強、神經過敏

A型人格的行為特徵

- 說話很快
- 坐立不安、好動
- 進食速度很快
- 習慣同時處理多件事
- 性情焦躁
- 會用挑釁的態度對待別人
- 有神經質的一面

對照組的 B 型人格

相較於 A 型人格，內向且怡然自得、不起眼，不太常發脾氣的性格，就稱作 B 型人格。實際上，不完全表露競爭意識的 B 型人格，具有更強烈的領袖特質，而且諷刺的是，研究結果顯示 B 型人格比 A 型更容易出人頭地。這樣也不難理解為什麼很多均衡發展的企業，都是由強勢的老闆和溫馴的副手合作領導了。

B型人格的特徵

- 我行我素、怡然自得
- 性情穩重，不容易生氣
- 具有協調能力
- 內向，不起眼

第3章 認識自己的線索

智力測驗的項目

說明 智力測驗是測量智力的心理檢查。最具代表性的智力測驗有比奈智力量表和韋克斯勒智力量表。

使用提示 智力測驗起初研發的目的,是為了及早發現智能障礙的兒童,以便協調教育方式。醫院等專門機構皆有提供須付費的智力測驗,有興趣的人不妨試試看。

最早嘗試的智力評量

　　法國心理學家比奈(Alfred Binet,參照P.141)為了找出有智能障礙的兒童,在西蒙(Theodore Simon)醫生的協助下研發了智力量表,此時正值1905年。這項成就讓比奈後來被譽為「智力測驗之父」。

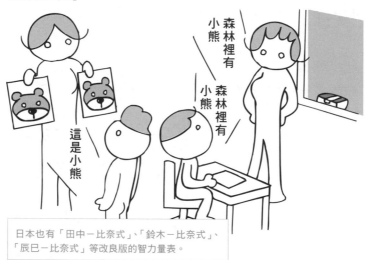

森林裡有小熊

森林裡有小熊

這是小熊

日本也有「田中－比奈式」、「鈴木－比奈式」、「辰巳－比奈式」等改良版的智力量表。

　　比奈和西蒙發現使用同一份問題量表時，某個年齡的孩子可以答對大多數的問題，但年齡更小的孩子卻幾乎無法答對。於是他們依照各個年齡階層區分，製作不同的問題量表。後來，比奈智力測驗傳到了美國，當地學者便開始根據孩子答對問題的實際年齡計算出精神年齡（MA），並使用智能商數（IQ）來表達其智力程度。

試題範例（非實際測驗的試題）
- 讓孩子看圖卡，回答圖案的名稱（3歲）
- 為孩子朗讀一段句子或文章，請他複誦一遍（4歲）

韋克斯勒智力量表

　　比奈智力量表的目的，是要判別兒童是否具有發展障礙；相較之下，韋克斯勒智力量表則是用來評量成人的智力差距。這是由美國心理學家韋克斯勒（David Wechsler，參照P.141）於1939年發表的量表，特徵是將智力分為「語文」和「作業」兩個領域。

請受試者用積木做出卡片中圖形的檢查（作業智力評量）。

語文智力

- **知識**：測量經驗和學習得到的知識
- **類同**：可否察覺事物之間的相似性
- **詞彙**：測量已知的言語詞彙數量
- **理解**：測量一般常識和日常生活的知識
- **算數**：測量是否能解答算數問題、算數基礎的理解程度
- **數字序列**：記憶並回答讀到的數字列　等

作業智力

- **圖畫補充**：給予未完成的圖畫，畫完欠缺的部分
- **圖畫概念**：將具有共同特徵的圖畫分門別類
- **圖形設計**：觀看範本圖案後，用積木拼出圖案
- **矩陣推理**：從一系列圖案中找出規律，再從選項中選出適合
  填補的圖案
- **組合**：組合數張紙片、拼湊出形狀或圖樣
- **符號**：快速記憶與圖形配對的數字　等

韋克斯勒智力量表又分為

- WWPPSI（幼兒用）
- WISC（兒童用）
- WAIS（成人用）
  等不同種類。

IQ
(Intelligence Quotient)

說明 IQ就是智能商數,以數字表示智力測驗的結果。IQ愈高者智能愈高,愈低者智能愈低。

使用提示 可以重新理解一般所謂的「高IQ」究竟是什麼意思。你身邊的人IQ有多少呢?

| IQ高,就代表頭腦很聰明?

智能商數的計算方法,分成以生理年齡(實際年齡,CA)與精神年齡(心智年齡,MA)的比例來計算的傳統計算方式(IQ),以及根據受試者在相同年齡層的偏差值為基準的方式(DIQ)。依各個年齡層來擬定題目,先依照受試者可作答的題目推算出精神年齡(MA),再根據這個數字與實際年齡(CA)的比例來推算智能商數(IQ)。

IQ＝精神年齡(MA)÷生理年齡(CA)×100

網路上也有推測歷史人物IQ的網站。
還有人的IQ高達300以上,被戲稱為火星人。

| 與同年齡層相對照的「DIQ」

舉例來說,5歲的小孩如果能回答10歲孩子才能作答的題目,他的精神年齡就是10歲,IQ為200,智力相當於一般IQ100的

10歲孩子。從傳統的IQ數值來看，這只是代表智力發展迅速，無法單純透過數字的比較來證明這孩子是「天才」。因此，後來才會研發出以同年齡層的偏差值為基準的方法（DIQ）。現今又以DIQ的方法較廣為使用。

智能商數有80%的機率會遺傳？

一個人的智力，究竟是受到遺傳還是環境的影響比較大呢？這個問題可以透過同卵、異卵雙胞胎的「雙生子研究」，以及調查血緣的「譜系研究」等方法得知。美國教育心理學家詹森（Arthur Jensen）主張「智力有80%來自遺傳」，此番主張也掀起學界軒然大波。

80%這個數據可能有一點言過其實，不過智力確實會受到遺傳的影響。尤其是「空間智能」、「數理邏輯能力」所受的影響特別深遠。

另一方面，教育環境當然也會影響智力發展。孩子在富有包容力的父母養育之下，智力會比在權威式父母的養育下要更容易提高，這是因為孩子在充滿刺激的環境下成長，學習能力會更好。

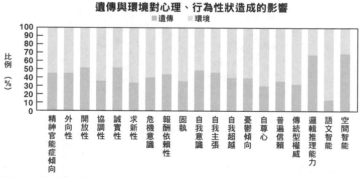

遺傳與環境對心理、行為性狀造成的影響
■ 遺傳　■ 環境

摘自：Ando et al.［2004］；Kamakura et al.［2007］；Ono et al.［2002］；敷島研究團隊［2006］［2008］；Shikishima et al.［2006］［2009］；安藤壽康《遺傳心智》（遺伝子マインド，有斐閣）p.53

EQ
(Emotional Intelligence Quotient)

說明 EQ 是感受自己與他人的情感、控制情感的智能指標。又稱作「情緒商數」。

使用提示 與包含大量遺傳元素的 IQ 不同，EQ 可以透過努力和生活習慣來提高。

對於 IQ 偏重主義的批判

一般而言，大多數人都認為 IQ 愈高的人，頭腦愈聰明、智力愈高。但是，根據測驗推算得出的智能，終歸只是人的一小部分，高 IQ 人士未必能確保其人在社會上成功。因此近年來，社會便開始倡導情緒商數（Emotional Intelligence Quotient，簡稱 EQ）的重要性。

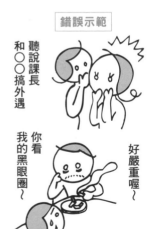

錯誤示範

聽說課長和○○搞外遇

你看我的黑眼圈～

好嚴重喔～

高 EQ 的人的習慣

1. 避免涉入別人的狀況
2. 不替人打抱不平
3. 不會假裝自己萬事可行
4. 不談論謠言
5. 幸福和信任都取決於自己
6. 不說悲觀的話
7. 不後悔過去

妥善控制並運用情感，也是人類的一項能力。只要 EQ 夠高，就能在社會上贏得好風評。

第
3
章
—
認
識
自
己
的
線
索

各種情結

說明 情結是精神醫學、心理學名詞,意指「多種情感的複合體」。其中混雜了許多潛意識壓抑的情感。

使用提示 可以深入理解戀母情結、戀父情結這些大家平時常說的「情結」的意義。

不是只有自卑感才是情結

情結(complex)這個概念,是由瑞士精神科醫師布魯勒(Paul Eugen Bleuler)首先提出,而後由榮格命名,是指某種情感與其他情感混雜交纏在一起的狀態。日本經常使用complex來指稱「自卑感」,但自卑感的全名其實是「自卑情結」(inferiority complex),只能算是眾多情結的其中一種。如果要查詢情結相關的知識,往往會發現資料會愈查愈多,可見人所懷抱的情結有多複雜。這裡只解說其中幾種典型的情結,以及現代人特有的情結。

戀母情結
這是指成年男性以不符年紀的形式與母親保持依賴的關係,甚至對此毫不質疑或感到矛盾的狀態。或許是受到母親過度保護的緣故,男性多多少少都會有點戀母情結。

戀父情結

這是指女兒在成長過程中感受不到嚴父的愛情，為了彌補這股失落而嚮往、追求父親形象的狀態。也有說法認為女性在擇偶時，容易因此傾向選擇與父親相似的男性（參照 P.218）。

戀兄（弟姊妹）情結

這是指對異性兄弟／姊妹懷抱戀愛情感，或是產生獨占欲的狀態。哥哥姊姊可能是因為弟弟或是妹妹出生而失去家庭中心的地位，才會想要控制對方，藉此消除自己內心的不安。

該隱情結

這是指兄弟姊妹之間的心理糾葛、競爭意識與嫉妒。典故出自《舊約聖經》裡該隱與亞伯的故事，所以才稱為該隱情結。哥哥該隱因為嫉妒弟弟亞伯而殺害他，結果遭到放逐。這是由榮格所提出的概念。

伊底帕斯情結

這是指兒子想要獨占母親，因而對父親產生強烈的反抗和對抗心態，是幼兒時期受到壓抑所產生的心理。典故出自古希臘悲劇《伊底帕斯王》，所以才稱作伊底帕斯情結。這是由佛洛伊德所提出的概念。

ONARI情結

這是指對異性兄弟、姊妹的性慾受到壓抑的狀態。「ONARI」是日本沖繩的方言,意思是「姊妹」。因為這種情感會令人想到亂倫的禁忌,所以受到壓抑的內心矛盾就變成了一種情結。

灰姑娘情結

這是指女性想追求理想中的男人、希望有人呵護自己,受到內心渴望依賴別人的潛在願望所束縛,而處於精神上無法完全自立的狀態。這種女性期待會有騎著白馬的王子出現,並且改變自己的人生。

白雪公主情結

這是指從小受到虐待的人成為母親以後,也會不由自主虐待自己女兒的狀態。這種與虐待相關的情結,往往會延續到下一代,必須多加小心。如果是有被虐經歷的人,最好要有斷絕關係的勇氣。

蘿莉塔情結

這是指成年男性壓抑自己對女童或少女的性愛癖好或是戀愛情感的狀態。情節名源自俄國作家弗拉基米爾·納博科夫(Vladimir Nabokov)的小說《蘿莉塔》。據說相較之下很多日本男性都有這種傾向。

正太郎情結

這是指成人對少年或男童懷有性愛癖好或抱有執著的狀態。名稱取自日本漫畫《鐵人28號》的主角金田正太郎，也就是俗稱的正太控。雖然有創作尺度問題，但也可以說這種情結造就了日本獨特的漫畫與輕小說風格。

黛安娜情結

這是指女性想要成為男性，有隱性陽具崇拜傾向的心理學名詞，也就是女性「不想輸給男性」的情感。典故出自羅馬神話裡的狩獵和月亮女神黛安娜。對於想要在父權社會一展長才的女性來說，這種情結或許是必要的。

山茶花情結

這是指男性一旦看到際遇悲慘的女性，就會不顧對方意願、想要出手拯救她的心理。山茶花一名源於法國小說《茶花女》，書中女主角是位賣身的妓女。最好小心別讓自己的善心變成雞婆了。

二次元情結

這是指對二次元動漫美少女角色懷有性愛癖好或戀愛情感的狀態，又可以簡稱為「二次元控」。「萌」、「現充」等ACG常用詞彙往往也暗喻這種情結。

自卑感與優越感

說明 自卑感是一種自己比別人低劣的感受，但事實未必確實如此。心理學家阿德勒（Alfred Adler，參照P.243）認為過度彌補自卑感的行為，會引發多種精神官能症。

使用提示 有自卑感不一定是壞事，阿德勒主張最重要的還是努力克服自卑感。

不健康的自卑情結

阿德勒認為自卑感和自卑情結有明確的區別。自卑情結是指以自卑感為核心、糾纏多種負面情感的狀態，以及逃避克服這種情結的狀態。但是阿德勒主張擁有自卑感是很正常的事，人類最原始的欲求就是在克服自卑感的過程中成長（追求優越性）。

好不甘心!!

懷有自卑感、追求優越感，都是人類發展的動力。

優越感與優越情結

與此相反，優越感是一種認為自己比別人優秀的情感。優越情結則是指隱藏自卑感，過度誇大自我的狀態。

嘲弄別人、過度自傲、舉止蠻橫等行為，都可能是優越情結作祟。

炫耀不幸也是一種優越情結

大談自己的悲慘遭遇或宣稱自己很自卑，這種炫耀不幸的行為也算是種渴望引人注目、博取同情的優越情結。

最重要的是與自卑感和平共處，別陷入自卑情結或優越情結，使自卑化為成長的動力。

周哈里窗

說明 這是一種自我分析法,將自己知道的自我、別人知道的自我分成四個範疇(窗),以便深入了解自己與別人的關係,也是一種認識自我的工具。

使用提示 如果能夠透過自我揭露來縮小隱藏我,聆聽別人的意見來縮小盲目我,就能大幅拓展開放我。

	自己知道
別人知道	★ **開放我** 自己和別人都知道的我。會對外展現,是自己和他人都認同的我。 
別人不知道	★ **隱藏我** 自己知道,但別人不知道的我。像是對人隱瞞的祕密、不向外顯露的性格等。 

認識自己並不知道的自己

周哈里窗（Johari Window）是美國心理學家約瑟夫·勒夫特（Joseph Luft）和哈里·英厄姆（Harry Ingham）提出的理論，以兩人名字的字首來命名。這個理論是將自己知道的我、自己不知道的我、別人知道的我、別人也不知道的我，以格子區分成四扇窗並加以分析。愈是不適應人際關係的人，「隱藏我」和「盲目我」的窗口就會愈大。這時最好要努力拓展「開放我」的窗，讓周遭的人多多認識自己，如此應該就能解決人際關係上的煩惱。

自己不知道

★ **盲目我**
自己未察覺，但別人都知道的我。像是自己沒有意識到的習慣、別人眼中的性格等等。

★ **未知我**
沒有任何人知道的我。像是潛意識的想法、受到壓抑的內在、被埋沒的才能等等。

第3章 認識自己的線索

身分認同

說明 身分認同是由心理學家艾瑞克森提出的概念。為「自己是什麼」、「該如何生存」這些煩惱找出答案，實際感受到「這就是真正的我」，這種狀態就稱作「確立身分認同」。

使用提示 請思考一下人是如何實際感受到「我是我」。你已經確立了自己的身分認同了嗎？

真正的我究竟是什麼

青年時期是人準備進入社會的準備階段，也是會面臨「自己究竟是什麼」、「將來該怎麼辦」、「自己想成為什麼人」等許多煩惱的時期。

舒伯的生涯發展階段

身分認同確立會對工作造成很大的影響，畢竟連結社會與自己的管道正是工作。這裡就來介紹美國心理學家舒伯（Donald E. Super）的理論。

成長階段（0～14歲）
對工作和職業產生興趣，開始思考自己的志向和實現方法。

探索階段（15～24歲）
了解各式各樣的職業、開始實際勞動，尋找適合自己的工作。

　人會為這些問題找出自己的解答,逐漸確立自己的「身分認同」。但是,隨著往後的生活型態變化,一度確立的身分認同就會動搖,於是必須重新再建構。

　艾瑞克森將「身分認同的確立」視為青年時期最大的發展課題。從青春期到青年期,人的身體會迅速成長,心理狀態也會變得不穩定,時常面臨身分認同的危機,因此才會開始思考自己究竟是什麼。

　這段時期,大多數人都還是學生,有很多時間可以摸索自己的身分。艾瑞克森將這個過程稱為「未定型自我統合」。

　在未定型自我統合時期,身分建構不順利、不知道自己應該怎麼辦的人,往後容易成為飛特族(無固定工作、兼職度日的人)或尼特族(不就業也不進修就學的人),因此安排時間好好面對自己是非常重要的事。

建立階段
(25~44歲)
在特定的職業領域扎根,開始鞏固自己的地位。

維持階段
(45~64歲)
維持自己的地位,同時開始摸索新的技能。

衰退階段
(65歲以後)
閒暇和家族同樂的時間變多,開始邁向第二人生。

中年身分認同危機

說明 人生來到下半場，人在感受到衰退和極限的同時，也被迫重新思考至今為止的生活方式缺陷。這就是中年時期會面臨的身分認同危機，簡稱中年危機。

使用提示 中年時期會深刻感受到各種壓力，與其他世代相比，自殺人數也偏多。建議步入中年時最好找出可以順利解決煩惱的方法。

克服中年危機

中年時期是人生的轉折點，榮格將這個世代稱作「人生的正午」。由於體力衰退、停經等身體變化，在工作上感受到自我極限等社會變化，再加上孩子脫離父母、夫妻關係失去重心等家庭變化，各式各樣的問題逐漸浮現，甚至可能導致中年憂鬱症。

能力和體力的雙重衰退，使人發現自己的極限。無論身體條件或社會關係都能感受到鮮明的變化。

肯定自己的人生

榮格將中年危機稱作「人生的轉變期」,人會面臨過去不曾察覺的問題並試圖改變,這是再正常不過的事。為了重新建構因中年危機而動搖的身分認同,最重要的是回顧人生、接受事實,停止與他人比較,重新尋求人生的新目標。

只要克服中年危機,人生的視野就會頓時寬廣許多。把中年危機視為人人必經的發展課題,就不會過度煩惱憂鬱,心情也會比較輕鬆。不過,中年時期最糟糕的狀態,就是思維「僵化」。

停止與別人比較
在資訊氾濫的時代,偶爾停止接受資訊,將消息排除在外也很重要。

接受過去的人生
只要活著就是萬幸。人生不需要與其他人比較優劣,接受現狀就好。

摸索新的生活方式
試著探索音樂、衝浪等過去不曾體驗過的活動,發掘新樂趣。

老年身分認同危機

說明 在日本，65歲以上的高齡人口已突破3392萬人（2015年），占總人口的26.7％。推算到2060年，大約每2.5人當中就有1人是老年人，正式迎向高齡者占人口最大宗的社會。

使用提示 人只要出生就註定會老去，體力和記憶也會相應衰退，不得不面對衰老和重要之人死亡的悲痛。不過只要有「加齡效應」，或許就不必擔心了？

人是可以克服、適應老化和失去

　　所謂的「加齡效應」，是指接受年齡的增長，達成心理上的適應，也就是說人可以隨著境遇和環境改變自身的行為和想法。年輕時期叛逆反骨的男性，也會隨著年紀而變得溫和，女性則是愈

人上了年紀以後，就會對季節的變化更敏感，開始能夠欣賞自然美景。

來愈能夠接受現實。即使高齡期長達15年以上，但只要讓自己適應各種場合，就能度過充實的餘生。

明白時間有限，讓人更能豁達以待

人進入高齡期之後，自然會浮現想要培育下一代、將自己的知識和技術傳承下去的想法，這個現象在心理學稱為「生產性的發展」。人即便年老了，若還能有更進一步的發展，生產性愈充實，人就會愈幸福。

近年來，日本將幸福的老年稱為「成功的老化」。想要獲得幸福的老年生活，最重要的是培養出「主觀的幸福感」。不與過去或是他人比較，專心體會當下的幸福。把人生的智慧結晶交接給下一代，並珍惜自己與家人、朋友、鄰里熟人之間的人際關係且時常互助。愈常與人交流的人，愈能感受到人生的價值。

135

第3章

認識自己的線索

接受死亡

說明 接受死亡是人生最後的課題。愈長壽的人,會經歷愈多親朋好友的死亡,伴隨而來的失落感也會令自身更感受到死亡的真實性。該做好什麼樣的心理準備去調適這種心情呢?

使用提示 迎接死亡的人不妨運用懷舊療法(參照P.303),家屬則可以藉由哀傷撫慰來調適心理。接受死亡可以學會如何榮耀地迎向死期。

▎哀傷的五階段

　　精神科醫師庫伯勒－羅絲(Kübler-Ross,參照P.139)研究獲知自己死期將近的人,會經歷哪些階段來接受自己的死。接受的過程需要家屬支持,讓病人體會到自己被愛、經歷一場有價值的人生,這才是最重要的。

1.否認
「我怎麼可能會死!」感到震驚而加以否認。

2.憤怒
「為什麼是我,這不公平!」對周遭的人大發脾氣。

3.討價還價
開始向神祈求,用盡各種辦法企圖使自己免於一死。

4.抑鬱
了解到一切的努力都是徒勞,受到絕望折磨。

5.接受
坦然接受,以平靜的心情等待死亡。

託爺爺的福,
我順利從大學畢業囉!!

懷舊與哀傷撫慰

得知自己剩餘壽命的人,可以利用懷舊療法調適心情。為了讓病人完整接受自己的人生,看護者不妨多問問他昔日的往事,並向他傳達感謝之意。

不只是當事人,為往生者送終的人也同樣需要關懷。此時就需要進行「哀傷撫慰」,也就是支持哀傷(grief)的人。被留下的人,要多注意安撫自己懊悔的心情。

★ **懷舊療法**
面對將死之人,要幫助他回顧自己的人生,讓他感受到自己的人生既充實又有價值。這個方法應該能減輕他對死亡的不安。詳情請參照303頁的解說。

別看爺爺那副德性,
他以前可是帥哥呢

★ **哀傷撫慰**
被留下的家屬通常會充滿懊悔與自責的念頭。周遭的人最好能陪伴在他們身邊,或是邀請他們做某些事來轉換心情,避免他們獨自一人鑽牛角尖。

奶奶!!
我們去逛街吧～

人物介紹

人的性格
氣質會影響

恩斯特・克雷奇默
Ernst Kretschmer
1888 – 1964

德國醫學專家、精神科醫師，專門研究人的氣質，並提出性格類型論。他認為性格取決於氣質，主張有三種結合了體型與氣質的類型。他在著作《天才》（*Geniale Menschen*）當中列舉了多種形形色色的天才事例，強調瘋狂與天才之間的關聯。

為精神疾患
分類與定義

埃米爾・克雷佩林
Emil Kraepelin
1856 – 1926

德國精神科醫師，在實驗心理學之父威廉・馮特門下從事心理學研究。他熱衷於編寫精神醫學的教科書，為早發失智症等各種精神疾患進行分類與定義。他的工作曲線研究，正是內田－克雷佩林性格測驗的原型。

臨終的過程
分為五個階段

伊莉莎白・
庫伯勒－羅絲

Elisabeth Kübler-Ross

1926 – 2004

來自瑞士的精神科醫師。她特別關注人面對死亡的過程，曾撰寫了20本以死為主題的著作，將人們接受死亡的過程分成五個階段。另外，她還以私人財產開設專門設施，提供臨終的末期病患安養，這同時也是日後安寧照護運動的開端。

哈里・斯塔克・
沙利文

Harry Stack Sullivan

1892 - 1949

精神疾患會受到
文化與社會的影響

美國精神分析學家、精神科醫師，屬於新佛洛伊德派。他認為文化會對精神疾患造成影響，發展出以人際關係為基礎的心理學理論。他常與文化人類學者和其他各種領域的研究者交流，觀察彼此的互動並應用於自己的治療手法。

怎麼可以忽略「女性性」！

卡倫・荷妮
Karen Horney
1885 – 1952

出生於德國的精神科醫師。她屬於新佛洛伊德派,批判佛洛伊德心理學中男性本位的理論,同時是女性心理學的創始人。此外,她還研究精神官能症,並將精神官能症患者的需求分為十種。

分析社會 心理學可以用來

埃里希・塞利希曼・佛洛姆
Erich Seligmann Fromm
1900 – 1980

德國裔心理學家。他隸屬法蘭克福學派的新佛洛伊德派,將佛洛伊德以降的精神分析學手法廣泛應用於社會分析上。他在主要著作《逃避自由》(*Escape from Freedom*)中,談論社會如何蘊釀出法西斯主義,被認為是政治心理學的先驅。

不妨來測量一下智力吧

阿爾弗雷德·比奈

Alfred Binet

1857 – 1911

法國心理學家，同時也是智力測驗的創始人。他與西蒙醫生共同編訂出全世界最早的智力測驗——比奈與西蒙智力量表，另外也對兒童心理和教育心理的研究影響甚鉅。

智力與行為包含智力以外的因素

大衛·韋克斯勒

David Wechsler

1896 - 1981

出生於羅馬尼亞的猶太裔美國心理學家。他因研發智力量表而聞名於世，尤其著重於研發並發展韋克斯勒兒童智力量表和韋克斯勒成人智力量表。他也很重視智力行為中在狹義智力（語文智力）以外的因素，理論有別於比奈的智力測驗。

第4章
認識一個人的線索

人無法一個人獨自生存，然而人與人之間的關係卻是煩惱的根源。這一章要來談人際關係當中，與我們交流的另一方在言語之外所發出的訊息、對方基於潛意識做出的行為，以及成長環境所造成的性格特質。幫助大家獲得更多與人順利溝通交流的啟示。

第4章

非語言溝通

說明 人不只會透過言語溝通，還會藉由表情、舉止等「非語言」進行溝通。正所謂眼神傳達的訊息更勝口語，唯有洞悉非言語溝通的內容，才能真正看透對方。

使用提示 在所有涉及人際關係的場合，只要多留意對方在言語以外的表情、服裝，以及彼此的距離感，就能建立良好的關係。

認識一個人的線索

不安的心情往往如實表現

　　根據實驗，一個人呈現出來的外在印象，有7％來自言語，38％來自說話方式和聲調，55％來自表情和態度。可見比起說話的內容，你的動作舉止更重要。

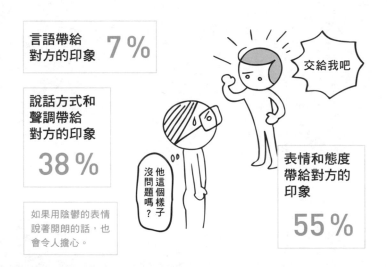

言語帶給
對方的印象 **7 %**

說話方式和
聲調帶給
對方的印象
38 %

如果用陰鬱的表情
說著開朗的話，也
會令人擔心。

交給我吧

沒問題嗎？他這個樣子

表情和態度
帶給對方的
印象
55 %

動作透露出端倪

只要觀察對方的動作，就能得知對方內心究竟是如何看待你。

眼睛朝上看的人
可能是想要反駁你，或是心存邪念，要小心！

雙手抱胸的人
這是自我防衛或拒絕的暗示。多半是警戒心強、自我中心的人。

死盯著你看的人
對自己很有自信。專心致志時就會目不轉睛。

目光游移的人
對自己說的話沒有信心。提心吊膽的人也多半會有這種反應。

用手指敲桌子的人
感覺很焦慮，或是內心很著急。

爽快大笑的人
通常是表裡如一的人。看起來神經大條，但也有意外細膩的一面。

.... Knowledge

最好也注意一下自己嘆氣的動作。人往往會不由自主地嘆氣，卻會令對方不禁擔心自己是否造成你的壓力。

第
4
章

動作倒錯

說明 動作倒錯（parapraxis）是指說錯、聽錯、寫錯、讀錯等行為，這些失誤會透露出人的真正想法。佛洛伊德也認為「一個人說錯話，代表他潛意識裡隱藏著某些意圖或欲望」。

使用提示 可以藉此察覺自己或別人的真正心思。

無意間透露潛意識的欲望

我們總會有不小心記錯別人名字的時候，這種叫錯名字的狀況可能代表你下意識想迴避那個人。相反地，如果是別人記錯你的名字，可能代表對方總是需要費盡心思對待你。遺忘也是動作倒錯的行為，當你忘記別人的名字或邀約時，代表你覺得這個人或這件事會帶給你壓力。

認識一個人的線索

口誤

A子！

我是B子啦

遺忘

呃……

呃……

脫口而出的話或暴露出來的態度，或許才是真意。

識破謊言

說明 除了曠世騙徒以外，人在撒謊時多少都會感到緊張與罪惡感，並且從表情和聲調中透露出來。

使用提示 能學到識破謊言的訣竅。想要分辨對方說話是否誠心誠意時，不妨試試看。

身體動作最誠實

不停重複同樣的話
因為擔心對方不肯相信，而不斷重複強調同一句話。

反應很快
害怕自己反應太慢會顯露出心虛，所以反應會變得比平時還要快。

遮掩嘴巴或雙手
忍不住想遮掩正在說謊的嘴，或是把手插進口袋，以免手勢洩了自己的底。

摸鼻子
掩嘴太過明顯，所以有時會遮掩鼻子。

手上夾菸
吸菸者在感到緊張，或是話題觸及核心時，就會想要抽菸。

不小心一直重複同樣的話

那、那個，那個啊……

遮掩雙手

我絕對沒有做壞事！

表情透露的深層心理

說明 這是識破謊言的「表情篇」技巧。很多人即使想掩飾真心，但表情卻仍然透露了一切。以下是一些典型的範例。

使用提示 如果想在工作、戀愛等人際關係衍生出的各種場面上，了解對方真正的心意時，可以觀察對方的表情作為參考。

全面觀察對方的表情

當對方的表情變得僵硬時，代表他可能「正在回想過去，心不在焉」。人在撒謊時，眨眼的次數也會透露出他正在緊張。此外，人在隱瞞事情時，最明顯的表現就是目光游移不定。

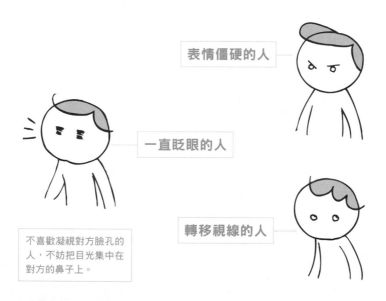

表情僵硬的人

一直眨眼的人

轉移視線的人

不喜歡凝視對方臉孔的人，不妨把目光集中在對方的鼻子上。

無法識破的謊言

說明 這世上依然有堪稱天才級的大騙子，即使偽造資歷也能贏得大家的信任。這種人的謊言實在無懈可擊。

使用提示 面對能言善道的人或是太中聽的話時，千萬要注意。重點是隨時保持小心謹慎，以免上了天才大騙子的當。

三種無法拆穿的謊言類型

事蹟著名到甚至拍成電影《結婚詐欺師》的庫希歐上校，正是名詐騙分子，他自稱為美國空軍飛官，是夏威夷王國開創者卡美哈梅哈大帝和英國伊莉莎白女王的親戚，利用婚姻詐欺從多名女性手中騙得了大約 1 億日圓。這類詐騙分子有以下幾種特徵。

我叫強納森‧伊莉莎白‧庫希歐

我是卡美哈梅哈大帝和伊莉莎白女王的親戚！

習慣說謊騙人
當一個人習慣撒謊後，就不會感到緊張，甚至還能從中得到快感。

缺乏罪惡感
即便說謊也不會產生罪惡感，所以語氣和身體動作沒有什麼變化，不會表現出不安和緊張。

深信自己的謊言
順著自身條件將謊言羅織成事實，連本人都信以為真，所以無法拆穿。

第
4
章

認
識
一
個
人
的
線
索

人類的六種需求

說明 根據馬斯洛的需求層次理論，人因為有需求才會成長。這裡就來
解說人所擁有的六種社會需求。

使用提示 整個社會都充斥著你和別人的「需求」。不妨從對方的行為，窺
探他有什麼樣的需求。

小心太過分的需求

人正因為有所需求才會行動。但是，要是滿足需求的行為超出
限度，就會造成別人的麻煩，必須多加防範。此外，需求也能夠
透露出人的深層心理。從別人採取的行動，也可以了解對方的深
層內心。

控制需求
你的周遭有沒有喜歡頤指氣使、渴
望掌握主導權的人呢？這種人就有
想要影響別人的強烈需求。

服從需求
人內心多少都會因為太自由而感到
不安，覺得遵照別人的指示行事反
而比較安心。這種想要追隨尊敬對
象的心態，就是服從需求。

表現需求
想要向大家彰顯自己的需求。穿戴
名牌服飾或是奇裝異服的人，都是
表現需求較強的人。穿著打扮也會
表現出人的心理。

成就需求
不達到目的絕不善罷甘休、渴望挑
戰更高難度工作的人，擁有較強的
成就需求。要小心過度堅持會害自
己走投無路。

親和需求
想與人和睦相處、關係融洽。渴望
和大家一起同甘共苦的人，都有強
烈的親和需求。要小心別太過顧慮
別人，害自己勞心傷神。

你看你看
感謝狀

認同需求
不只想要彰顯自己，還希望大家肯
定自己的價值，這就是認同需求。
渴望被喜歡的人所愛，也是一種認
同需求。追求社群網站按讚數的行
為背後，都隱藏著這種需求。

•••••••••••••••••••••••••••••••••••• Knowledge

偶像和粉絲握手的活動，可以讓支持者直接見到崇拜的人、聽偶像喊自己的名
字，滿足心中的認同需求，進而迷戀得更深。

如何察覺對方的自我表現欲

> **說明** 自我表現欲是一種想要彰顯自己的需求。雖然這是人人都有的自然需求，但也有很多人超出限度，總是把「我」掛在嘴邊。

> **使用提示** 了解自我表現欲強烈的人具備哪些特徵，才能順利與對方互動。如果你自知是這類人，則要小心別過度賣弄自己。

人人皆主角的時代

渴望向別人展現自己，是使人繼續活下去的必備需求。現在只要透過網路，任何人都能輕鬆成為訊息發布者，能夠抒發自我表現欲的管道多得不勝枚舉。只是發布訊息的程度倒還無妨，但要小心避免過度追求他人的認同，以免心理狀態失衡。

想用「我只在這裡說」這種話博取關注的人，以及不願認同對方的人，都有渴望立於對方之上的傾向。

「知性化」的隱情

說明 有些人會刻意使用艱澀的語句，或是展現看似帥氣的舉止，說明大家都知道的常識。這種想讓自己顯得聰明的心理，就稱為「知性化」。

使用提示 知性化可以說是自卑的反映。不要只聽對方字面上所說的話，應當仔細傾聽話裡的本質。

渴望走在時代尖端的人

我們在職場上，多多少少都會聽見一些似懂非懂的話，像是「也 assign 我去開會吧」、「那件案子是誰 matter 的？」這類讓人不禁懷疑「為什麼硬要穿插英文」的場面實在多不勝數，但只要想到習慣這樣說話的人其實內心有點自卑，或許就能釋懷了。

> 能不能 assign（分派）我去？

> 那是誰 matter（處理）的？

> 這個方案對貴司和敝司來說可是 win-win（雙贏）喔！

公司裡常聽到的外語有「agree（同意）」、「issue（議題）」、「evidence（證據）」、「chasm（鴻溝）」、「commit（保證）」、「consensus（同意）」、「synergy（加乘作用）」等等。但說話時穿插太多英文反而會顯得很愚蠢，看來知性化的表現也是有好有壞。

從血型能知道什麼？

說明 坊間也有用血型分類的性格類型論，像是 A 型人一本正經、B 型人我行我素等等。但這些論調似乎沒有科學上的根據……。

使用提示 以血型區分的性格類型，並沒有任何科學根據！不過日本人為什麼還是熱衷用血型來分析性格呢？可能與它背後的刻板印象有關。

似是而非的心理

以血型判斷性格，可說是日本特有的文化現象。最早始於 1920 年代，由教育學家古川竹二提出的血型類型論，到了 1970 年代又再度流行起來。日本人有大約 40％ 是 A 型，但要說這些人全部都「循規蹈矩、一本正經」，應該是不可能的事。不過，用血型來推斷自己和別人的性格還是十分有趣，適合當茶餘飯後的話題。這裡就來介紹最普遍的血型傾向。

A 型
循規蹈矩，神經質，個性頑固，愛努力，為人細膩機靈。據說好學生多半都是 A 型？

B 型
自由自在，我行我素，行動力十足，有藝術氣質。據說 B 型人熱情來得快也去得快？

各種刻板印象

日本人之所以會覺得血型分析很準，其實與背後的「刻板印象」有關。刻板印象是指傾向於相信屬於特定群體的人，必定具備該群體特有的性質。我們會不由自主地因為對方的職業，而對他產生特定的印象。可是相對地，那個人同樣又會做出「符合刻板印象」的舉止，實在滿神奇。

為啥會這樣啦

大阪人都喜歡搞笑、老師都很認真耿直、刑警都會隨身攜帶紅豆麵包和牛奶，這些都是日本很常見的刻板印象。

O型
落落大方，粗枝大葉，半調子，樂於照顧別人，八面玲瓏。據說O型人很多都是浪漫主義者？

AB型
性情不定，怪人，雙重人格。據說AB型很多都是講求邏輯的完美主義者？

手足與性格

說明 日本心理學家依田明認為，兄弟姊妹的出生順序會影響性格的傾向。接著來看看長子、次子、么子與獨生子會有哪些傾向吧。

使用提示 你的心上人是長男還是次男呢？這個理論可以當作觀察他人性格的參考，也能得到育兒方法的啟發。

父母的教養方式決定孩子的性格傾向

雖然身為長男長女，未必就一定擁有下列所有特徵，但生長環境終究還是會深深影響性格。第一個孩子是在父母滿懷著緊張與期待下養育長大，而之後的孩子則是在父母已經對育兒駕輕就熟的情況下養育長大，兩者的性格特徵肯定不一樣。

嗯～
那很難說喔

長男／長女
穩健可靠。有領導能力，但又渴望依賴別人，有怕寂寞的一面。對外的態度十分親和。

算了啦……

次男／次女
排行中間的孩子通常與長子有點相像。因為夾在中間，所以會培養出協調性。

頂尖運動選手多半都是「老么」

或許是因為一出生就有兄姊,因而產生了競爭意識和目標的緣故,運動選手在家裡的排行通常都是老二以下。甚至曾經有一段期間,日本男子足球代表隊全員都是「弟弟」。根據某項研究,長子多半都是大學教授、律師或醫生,而老么多半都是演員、畫家。

日本職業足球員、外號「KING KAZU」的三浦知良是次男;棒球選手鈴木一朗雖然名字裡有一,但他也是次男。

那跟我無關啦～

老么
愛撒嬌,個性大方。被人讚美就容易得意忘形,卻能夠自然融入人群中。

休想輕易改變我!

獨生子
我行我素,愛撒嬌。在父母與大家的呵護下長大,所以有頑固任性的傾向。

從夢的解析
了解潛意識

説明 提到夢境的研究，就不得不提佛洛伊德。佛洛伊德認為，我們平常不會表現出來的願望和不安，都會出現在夢境當中。

使用提示 可以藉由認識夢裡的事物，留意自己的潛意識和深層心理。不妨看看自己是不是真的曾經有過這樣的念頭。

▎四種夢的工作

我們無法自主控制夢境的內容，可見夢是源自於潛意識。另外，也有說法認為夢境有守護睡眠的作用，可以減緩外在與內在的刺激，使人安穩熟睡。佛洛伊德將「夢的工作」分成四個種類。

我想要掌權♥

我想當偶像明星

渴望掌權、成為偶像明星的願望全都混雜在一起……。

★ 濃縮

多個願望會結合起來一同顯現。兩個以上的人事物元素合而為一、濃縮後成為夢境。因此複雜的心思會轉化成簡單的形式。

★ 移置

內心的願望變成另一種願望顯現在夢裡。潛意識裡重要的事物會在夢中轉化成其他形式。

★ 象徵作用

原本無形的意象，會轉換成有形的事物顯現在夢裡。比如性器官不會保持原本的形態，而是置換成其他物體出現在夢裡。例如壓抑的情感會化為具體形象。

★ 潤飾作用

各種願望在夢裡編織成一連串的情節。潛意識裡難以察覺的欲望，會連結成一段容易理解的故事，出現在夢境裡。

夢中會顯現自己潛意識裡壓抑的情感。人的睡眠可分為淺眠的快速動眼期和深度睡眠的非快速動眼期，兩者會以固定的間隔交錯出現，而人在快速動眼期比較容易做夢。夢可以紓解壓力、整理資訊，促進腦部發展。

夢的種類

說明 心理學的兩大巨頭——佛洛伊德和榮格，對於夢境的解析抱持截然不同的觀點。以下便來介紹他們各自提出的夢境種類。

使用提示 隱藏的願望、壓抑的潛意識都會出現在夢裡。認識自己夢境的呈現邏輯，可以更了解自己的深層心理。

佛洛伊德與榮格的差異

佛洛伊德認為夢裡顯現的願望，多半都是「性慾」扭曲而成的面貌；榮格則是認為夢境並不全然是性慾的顯現。以下介紹一般常見的夢境種類，來看看你平時做的夢是哪一種吧！

預知夢
這是榮格提出的夢境類型之一，意指預見未來即將發生的事件的夢。雖然這有點涉及神祕學的領域，但榮格依舊進行深入的研究。預知夢與含糊的展望夢不同，可以夢見詳盡的細節。

補償夢
這是榮格提出的夢境類型之一，是為了補償意識的偏移、保持精神平衡而做的夢。當我們在現實世界遭到某人背叛時，可能會夢見自己受到責罰。

展望夢

這是榮格提出的夢境類型之一，意指將來的計畫或目的顯現在夢裡內容，但是模糊不清。又稱作警告夢。

重複夢

榮格提出的夢境類型之一，指日常經驗或是痛苦的體驗不斷在夢裡重複出現的現象。據說在夢裡經歷痛苦，可以磨練心靈的耐性。

清晰夢

能意識到自己正在做夢的夢。通常人為了將惡夢判斷為「夢境」，就會發生這種現象。這種夢通常會發生在清醒前90分鐘，或是睡回籠覺時。

準定型夢

這是指不像定型夢那麼頻繁，但也算經常做的夢境類型。比如說「在天空飛翔的夢」，這種夢反映當事人渴望自由或獨立的願望。

定型夢

佛洛伊德發現很多人都會做同樣的夢，比方說「裸體走在戶外，或是衣服消失而不知所措的夢」。這種夢反映了當事人想要回歸童年時代的深層心理。

各式各樣的症候群

說明「症候群」是用來形容沒有明確的原因卻出現某些病徵的狀況。這裡就來介紹一些心理學上的症候群以及一般常見的症候群。

使用提示 除了本單元介紹的內容以外,還有其他很多種症候群。其中也包含時代潮流下的產物,可見世風和生活型態對於人的影響相當深遠。

深入認識症候群,理解他人

症候群的類型包羅萬象,有先天性的、生理性的,也有可能源自於心理上的不適應。預防的有效方法之一,就是避免身心陷入壓力過大的狀態。除了下面介紹的症候群以外,也建議各位深入了解其他的症候群,做好預防的施。

彼得潘症候群
儘管已經來到成人的年紀,內心卻還保留著幼童般的自我中心至上。這是由美國心理學家丹・凱利(Dan Kiley)所提出。

職業過勞症候群
突然渾身無力、彷彿生命力燃燒殆盡的狀態。經常發生在完成大型目標或退休後等情境下。

學者症候群

有些擁有智能障礙或發展障礙的人，
在特定的領域具備堪稱天才的能力。
像是可以完整畫出以前見過的風景、
演奏只聽過一次的音樂等等。

斯德哥爾摩症候群

這是屬於精神科醫學的名詞。經歷
綁架或監禁等犯罪事件的被害人，
由於長期與犯人相處，進而產生好
感或特殊情愫的狀態。

乾燥症候群

好發於女性，會發生眼乾、口乾、
關節痛等乾燥症狀的症候群。通常
是因為遺傳、免疫功能異常、壓力
等多重原因所導致。

星期一症候群

每到星期日傍晚，就會意識到假期
即將結束，到了星期一便陷入憂鬱
的狀態。在日本又稱作「海螺小姐
症候群」。可見全世界的人都會在假
日結束時感到失落。

　　姑且先不論生理方面的症候群，由於社會因素造就的症候群，
正好象徵了時代的潮流和環境氛圍。像是在星巴克咖啡廳點餐
時會緊張、過度介意自己在臉書等社群網站上外表形象的症候
群，甚至還有電腦手機使用過度而導致身心不適的VDT（visual
display terminal，電腦視覺綜合）症候群等。

人格異常者的特徵

說明 精神醫學家施奈德（Kurt Schneider，參照P.214），將異常人格定義為「因人格上的異常，造成社會或本人的困擾」，並列舉出十種心理病態的類型。

使用提示 不妨比對看看身邊的「麻煩人物」是否擁有這些性質。若是你發現自己與大家無法融洽相處時，也可以思考一下自己是否有這些性質。

令自我和社會他者都煩惱不已的人格

　　心理病態是心理學上的名詞，意思是反社會人格。英語寫作psychopathy，意指缺乏良心到「異常」程度的人。施奈德提出十種心理病態類型，而《精神疾病診斷與統計手冊》第五版（*Diagnostic and Statistical Manual of Mental Disorders*，DSM-5）中將心理病態列為一種反社會人格障礙，列入精神障礙之一。

意志薄弱型

容易受到別人影響，輕佻不穩重的類型。受到身邊的壞朋友潛移默化之下，可能會走上犯罪的道路。

輕率型

輕浮冒失的類型，容易因為瑣碎的小事勃然大怒。在各種場面都會引發問題的麻煩製造者。

爆發型

少囉唆!!
你這混蛋!!

會因為小事而動粗的暴躁型,會在別人覺得沒什麼好生氣的情況下衝動行事。

缺乏道德意識型

不具備同理心的類型,可能會犯下殘忍的罪行。多半給人非常冷漠的印象。

情緒不穩型

啊哈哈

消沉～

會突然興奮起來,又會突然垂頭喪氣。可能會一時興起而犯下縱火、偷竊等罪刑。

抑鬱型

我還不如死了算了……

凡事都悲觀看待,疑心病很重。身處不幸的狀態時反而比較自在,有幸災樂禍的一面。

自我表現型

想讓自己顯得比實際內在更厲害的類型。有說大話的習慣,經常做出博取大眾關注的行為。

狂熱信仰型

可以分為固執己見的自我狂熱信徒,以及堅持理想的理念型狂熱信徒。經常聲張權利,凡事都喜歡訴諸官司。

自卑型

那個人到底說了我什麼?

在意別人對自己的看法到病態的程度。一旦發生事情就會立刻感到自責,沮喪過度。

無精打采型

什麼都無所謂了……

神經質,會過度分析自己,經常覺得「我是有缺陷的人」。

第5章
職場實用心理學

適應職場環境和工作內容也是人生很重大的課題。這一章我們先來談學習和記憶,再解說更具體的交涉與提升動力的方法。只要了解記憶的機制,肯定能讓你在不知不覺間減少許多可避免的過錯;只要多花點心思對待別人,就能改善你和主管或下屬的關係,更能推動公司團隊順利運轉。現在就傳授你讓工作更順心如意的祕訣。

記憶的機制

<u>說明</u> 記憶就是記住自己學習的內容。一般我們所說的記憶,其實包含了「編碼」、「儲存」、「檢索」這三個過程。

<u>使用提示</u> 了解我們接收的資訊是如何成為記憶,以及記得的事物是透過什麼樣的機制從腦袋裡翻出來,從此告別臨時忘記的窘境。

記憶的三階段

記憶有編碼、儲存、檢索這三個階段,但我們往往必須試著回想,才能確定是否真的記住一項事物。大家經常一時忘記某件事,其實正是處於想不來的狀態,但是之前接收到的資訊肯定還儲存在儲藏庫裡。

★ 編碼:記住體驗過的事
將獲得的資訊正確放入記憶裡。將資訊轉換成適合記憶的形式,這個過程就叫作符號化。

★ 儲存:保存資訊在頭腦裡
在某段期間內保存記憶的動作,就好比把東西放入儲藏庫的過程。

★ 檢索:找出已儲存的資訊
搜尋儲藏庫裡存放的資訊,並正確調閱出來。

10年前……

感覺記憶、短期記憶與長期記憶

記憶又分為感覺記憶、短期記憶和長期記憶。外來的資訊會先進入感覺記憶的儲藏庫，但是大部分的記憶會在這個階段消失。人類會從感覺記憶當中有意識地選擇一部分，作為短期記憶收進下一個儲藏庫。多次重複這個演練過程，記憶才會進入長期記憶的儲藏庫。

★ 感覺記憶

暫時儲存

我們看見的、聽到的事物都會暫時儲存起來，但很快就會消失絕大部分。只有吸引自己興趣的幾種資訊才會進入短期記憶裡。

★ 短期記憶

維持15～30秒的儲藏庫

像是電話號碼這種會經過一時複誦（演練）的事物，可以延長儲藏的時間。

★ 長期記憶

半永久記憶的儲藏庫

從大量資訊中精選出重要的資訊儲藏起來。長期記憶裡也包含情節記憶、語意記憶等等。

080…

那時的我
還真年輕啊……

169

第 5 章

職場實用心理學

情節記憶、語意記憶和程式性記憶

說明 長期記憶可再細分為三種。自己體驗過的事件相關記憶屬於「情節記憶」；作為知識儲存起來的屬於「語意記憶」；靠身體記住的則是「程式性記憶」。

使用提示 只要了解能夠長期記憶的資訊種類，往後就能掌握記憶事物的訣竅。簡單來說，靠身體記憶的資訊最不容易忘記。

親身體驗方能長久儲藏

強烈的體驗可以使記憶長存。如果想要記住某件事，透過親身體驗的方式記住，記憶才會鮮明。

★ 情節記憶
像是「我去參觀比薩斜塔以後，就跟男朋友分手了」這種與體驗過的地點、時間、情節有關的記憶。

★ 語意記憶
像是「日本的首都在東京」這種一般常識或知識的記憶。例如念書學習就是語意記憶的領域。

★ 程式性記憶
像是腳踏車的騎法、刷牙的方法這種言語不易說明的身體記憶，只要記住一次就不會忘記。

外顯記憶和內隱記憶

說明 認知心理學主張記憶可分為「外顯記憶」和「內隱記憶」。外顯記憶是只要自己有意願就能想起來的記憶，內隱記憶則是不經意想起來的記憶。

使用提示 挖掘內隱記憶的方法（參照P.176），能幫助我們找出大腦深處的記憶。

特意挖掘的記憶和自動浮現的記憶

有意想起的情節記憶，屬於「外顯記憶」；反射性想起的語意記憶和程式性記憶，則屬於「內隱記憶」。

★ 外顯記憶

呃……
那個……

自己有意想起的記憶
「哎，那個叫什麼來著」以類似這種方式自主產生意識、試圖想起的記憶。和情節性記憶非常相似。

★ 內隱記憶

不打算想起
卻不由自主憶起的記憶
聽到問題可以馬上回答、腦海中閃現的記憶。像是在玩聯想遊戲時，只要事先給個提示，就能輕易聯想出相關的事物。

• Knowledge

記憶測量測驗包含懷舊療法與再認法。再認法是提供線索，讓受試者從選項當中選答；懷舊療法則是不提供線索。其中又以再認法較有助於想起記憶。

第5章

職場實用心理學

記憶的變形
——偽記憶

說明 這是指當事人沒有學習或親身體驗，理應不存在的記憶。記憶會隨著時空而變化，偶爾還會受外界影響而竄改。

使用提示 雖然可以利用這個方法操控對方的記憶，但嚴禁濫用。各位只要明白自己的記憶會改變此一事實，就能做好自我防衛。

▎悄悄植入腦海的虛假記憶

認知心理學家羅芙托斯（Elizabeth F. Loftus）曾經做過一項實驗，內容是以手足為實驗對象，請兄姊給弟妹一張卡片，讓對方詳細寫下過去的記憶。卡片上寫的多半都是實際發生過的事，但其中卻混入一件子虛烏有的事；儘管那件事根本沒發生過，但弟妹依然寫下詳細的內容經過。

那個啊，
我們讀小學的時候
不是一起去
抓過獨角仙嗎！

有那種事？

犯罪事件的目擊證詞，也可能會隨著詢問方式而改變。這種記憶產生變化的現象，稱作「錯誤訊息效應」。

自傳式記憶

說明 情節記憶當中，包含構成自我身分認同的記憶。這種記憶可能會隨著長大成人後而逐漸美化。

使用提示 如果能夠保有正向的自傳式記憶，以肯定的態度看待負面體驗，就能讓自己身心處於安定。

隨著回憶而不斷包裝的記憶

我們對於母親為自己付出的關愛，在青春期或許會覺得很厭煩，但是隨著年齡的增長，就會逐漸懷念起母親嚴厲的管教方式，開始認同「那是愛我的表現」。即便是同一段記憶，自傳式記憶的特徵就是會不時重組再令人想起。

有夠囉唆耶
老媽實在
000

太感恩了

原來媽媽這麼愛我

紅茶的芬芳
勾起了
往事回憶
啊

各位是否曾經因為某個氣味或味道，驀然想起往日的記憶呢？這就叫作「普魯斯特現象」。這個名稱取自小說《追憶似水年華》中主角品嚐瑪德蓮蛋糕時，那滋味令他想起童年記憶的橋段。

職場實用心理學

173

第
5
章

職場實用心理學

前瞻性記憶

說明 指向將來的記憶。記憶今後預定要做的事情,像是記住「明天要打高爾夫球」、「暑假要去夏威夷」這類已排定的行程。

使用提示 建議養成手寫記事本,或利用電腦與手機提醒功能的習慣,避免忘記未來的行程或必須攜帶的物品。

利用筆記推動記憶向前

有些人只要聽過一遍、不必特地寫進行程表也能完全記住事項;但是大多數人若是不寫下前瞻性記憶,很快就會忘個精光。對記憶力沒有信心的人,最好還是筆記下來吧。另外,如果身邊有老是忘記約定而造成別人困擾的人,建議要給一個期限,為對方製造緊張感,當事人才會比較容易記住隔天該做的事。

明天下午
5點OK!!

前瞻性記憶可能會因為中風等腦部障礙而無法順利作用,但可以透過復健慢慢克服。

好的,
我明白了!!

只要運用 P.65 介紹過的「蔡氏效應」,應該就能對付健忘的人。人傾向於記住未完成的事項多過於已完成的事,只要善加利用人這個特性即可。

高齡者的記憶

說明 人會因為失智症等因素，隨著年齡的增長而變得容易健忘。雖然短期記憶能力降低，卻能夠維持長期記憶。

使用提示 本單元是面臨健忘情況加重，或是照護失智症家人時必備的知識。請好好思考日常生活所能做到的預防措施和對策。

不是想不起來，而是變得無法記憶

　　罹患失智症的老人，多半都還清楚記得陳年往事，卻總是忘記剛剛才發生過的事情。也就是說，他們的短期記憶能力出現了障礙，無法記住瞬間消失的感覺記憶，以及只能維持15～30秒的短期記憶。

陳年往事記得很清楚

我年輕時也是個美人啊

昨天事情忘光光

咦，我昨天吃了什麼啊？

對於嚴重健忘、罹患失智症的人，可以給予能夠幫助他們明確想起情節記憶的提示。另外，請他們做些日常事務，加深程式性記憶，或是請他們負責某些家務，也能改善失智症的症狀。

挖掘記憶的方法

說明 本單元將介紹幾種可以把記憶從記憶儲藏庫裡挖出來的方法。各位不妨挑選出適合自己的記憶法,好好學起來吧。

使用提示 可以運用在各種測驗、證照考試、日常讀書學習的場合。

變化萬千的記憶法

從古希臘時代開始,人類就研發出各式各樣的記憶方法。其中比較有效的方式,就是運用想像力。記憶會把相關的事物串連成網路,還會特別將關聯最深的事物連結起來,藉此強化記憶。

地點法

像是「鑰匙放在玄關」,把地點和需要記憶的事物連結在一起。

諧音法

經常用來記住歷史年代的方法,例如把數字換成發音相近的詞彙。

「妻舅思念」
794年平安京

故事法

把需要記住的要素編成故事，利用詞彙和想像力來記住。

〈侵害〉

用狐狸皮捧著木炭，煮熟了雞蛋餵養有福氣的奶奶……

第1族
氫、氦

第2族
鋰、鈹、硼、碳、氮、氧、氟、氖

首字法

羅列需要記住的事物，取第一個字串起來記憶的方法。

さ　砂（砂糖）
し　鹽（鹽）
す　醋（醋）
せ　醬（醬油）
そ　味（味噌）

假借字法

列出數字和需要記住的事物，借用任意的字詞（假借字）串連起來、依序記住的方法。

1. 一開始找衛生紙
2. 而後去買垃圾袋
3. 散步去銀行……

想像法

例如背英文單字時，同時在腦中想像奇特的畫面來輔助記憶。

SHARK
=鯊魚

解決問題的技巧

說明 人只要活著，大大小小的問題就會接踵而至。這裡就來介紹可用於解決問題的試錯法、演算法與啟發法。

使用提示 遇到需要解決問題的場合時，不妨作為參考。

向貓學習嘗試錯誤

美國心理學家桑代克（Edward Lee Thorndike，參照P.212）曾經做過把貓關進迷箱裡的實驗。貓在迷箱裡蹦跳、四處搔抓時偶然打開了門，於是成功離開迷箱吃到飼料。桑代克就這樣重複把貓關進迷箱裡數次，結果貓學會了開門的方法。這種試圖藉由多次嘗試來解決問題的作法，就稱作試錯法。

往外拉門……✕

往前推門……✕

門往旁邊滑……○

> 與試錯法不同，先觀察事物，看透事物的本質後才開始行動、解決問題的作法，稱作「洞察」。在嘗試錯誤之前，行動關鍵是先暫停下來整理資訊。

演算法和啟發法

演算法是指一步步執行所有的操作步驟,直到解決問題為止。這個作法雖然確實可以解決問題,卻會耗費太多時間,因此是個適合交給AI(人工智慧)處理的方法。

人工智慧能在1秒內完成數以萬計的算式,演算法無法與之匹敵。

啟發法是為了縮短解決問題的時間,設定「大致的範圍」來解決問題的手法。由於這個方法效率很好,人類大多都是採用這個方法解決問題,但是卻很仰賴經驗做出直覺反應。

經驗法則非常管用,但是太依賴經驗可能會適得其反,無法真正解決問題,要多注意。

片面提示與雙面提示

說明 向人傳達某些訊息時有兩種方法,一是只說好處,另一則是好處壞處都說清楚。運用時要好好思考兩者的利弊。

使用提示 這些方法可以應用於推銷話術、談戀愛這類交涉或遊說的場面。也可以在接受對方的提議時藉此觀察對方的用意。

▍雙面提示才能真正建立信賴

很多人往往認為在和對方交涉時,不應該暴露自己的缺點或自家公司的弱點,於是在不知不覺間只傳達了對自己有利的訊息。然而,萬一對方發現自己隱瞞的缺點,雙方的信賴關係可能就會頓時瓦解。

**我們有獨家貨源
價格才會這麼殺!**

**過季商品打折出清
不影響使用喔**

★ **片面提示**
片面提示是只向對方展現自己主張的重點,例如只宣傳促銷商品的優點。當你聽見推銷員大喊價格再下殺、清倉大特賣時,不妨觀察一下這些促銷話術背後的含意吧。

★ **雙面提示**
同時宣傳促銷商品的優點和缺點。負面宣傳或許會令受眾怯步,但是從另一個角度來看,真摯的態度卻有機會贏得正面評價。

得寸進尺法

說明 這是指一開始先提出簡單的請求，再步步逼近提高難度的交涉手法。也就是先與對方建立起初步關係的方法。

使用提示 這個方法可以運用在委託別人的場合。又稱作登門檻效應，一段一段提高交涉內容的門檻。

借貸手段嚴格禁止濫用！

我們在拜託別人幫忙時，難免會感到緊張，過分在意對方的心情。得寸進尺法就是先稍微試探一下對方的門檻多高，如果能夠踏過去，之後自然就能登門入室了。

抱歉！
借我1萬！

抱歉！
借我10萬！

先從簡單的委託內容開始，提出對方「應該可以接受」的條件。

要是對方答應了，接著再提出更高的要求。而對方在面對這種交涉情境時，必須具備足夠的「拒絕能力」。

以退為進法

說明 以退讓的姿態提出要求的方法。首先提出肯定會被拒絕的離譜要求，接著再提出自己本來真正的要求。

使用提示 這是業務員在估價時可以活用的技巧。先預設對方會殺價，再進行交涉。

事先預設好虧本折價

「可以打個折嗎？」這句話在商業交易的場合就像打招呼一樣稀鬆平常。在銷售或提案的場合委託對方時，最好一開始就以退讓為前提來開啟話題。其實有時候對方也心知肚明，很享受這種討價還價的樂趣。

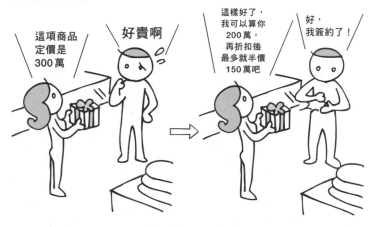

預設對方會拒絕，先提出昂貴的方案。

被拒絕後再退讓，提出原本準備好的合理價格方案。

低飛球策略

說明 這是一種先取得對方承諾的交涉技巧。人的習性是一旦答應對方以後,下次就很難再拒絕,低飛球策略就是利用這種習性的方法。

使用提示 天底下沒有白吃的午餐。在交涉的場合,每一句花言巧語都要當心。

小心特約事項,仔細確認契約內容

低飛球策略是一開始先提出好條件,等到對方承諾以後,再透過附加事項的方式變更條件內容。人一旦決定了某件事,就會連帶產生義務感,所以通常都會接受條件的變更。

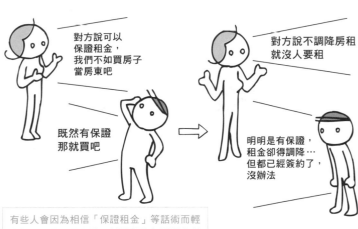

對方說可以
保證租金,
我們不如買房子
當房東吧

既然有保證
那就買吧

對方說不調降房租
就沒人要租

明明是有保證,
租金卻得調降…
但都已經簽約了,
沒辦法

有些人會因為相信「保證租金」等話術而輕率簽約,結果幾年後卻被迫調降保證過的租金。也有些人一開始答應以高利率來償還貸款,事後卻又要求調降利息。

第5章 職場實用心理學

古典制約

說明 古典制約（反應制約）是一種學習的型態。透過某種刺激與另一種刺激的連結，使人逐漸變得只要接收其中一種刺激，也會連帶產生反應。最著名的實驗就是巴夫洛夫的狗。

使用提示 只要運用古典制約，或許就能提高工作的熱情。事實上，人也是一聽到午休鐘聲就會感到飢腸轆轆的生物。

心理學著名的狗——巴夫洛夫的狗

俄羅斯生理學家巴夫洛夫做了個實驗。他在餵狗吃飯時讓狗聽鈴聲，之後狗只要一看到飼料，就會流出口水（無條件反射）。久而久之，狗只要一聽見鈴聲，便開始流口水（條件反射）。狗光是聽見鈴聲就會流口水，這即是狗學習後的成果，這種反應就稱作古典制約。

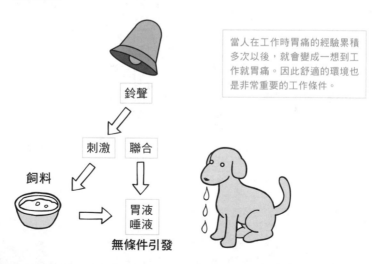

當人在工作時胃痛的經驗累積多次以後，就會變成一想到工作就胃痛。因此舒適的環境也是非常重要的工作條件。

鈴聲

刺激　聯合

飼料

胃液
唾液

無條件引發

184

操作制約

> **說明** 這是指一種學習行為，針對某個行為給予報酬或處罰，使人適應這個結果後學會自發性採取行動。最著名例子的是美國行為心理學家史金納（參照 P.212）的實驗。操作制約是行為主義的基礎理論。

> **使用提示** 如果能夠得到報酬，不只是老鼠，連人類都願意加倍努力。不妨利用適度的讚美來驅使他人行動。

建立於獎勵之上的學習動力

史金納（Burrhus Frederic Skinner）將一隻飢餓的老鼠放進箱子，箱子裡設有只要壓下槓桿就會掉出飼料的裝置。老鼠為了尋找食物，毫無頭緒地在箱內亂竄，在一次偶然下發現碰到槓桿會掉出飼料，老鼠學會這個機制，便開始經常壓槓桿。可見是飼料這個報酬強化了老鼠壓槓桿的行為。

老鼠一壓槓桿就能吃到飼料。於是偶然得到飼料的老鼠，學會了只要想吃飼料就壓槓桿的行為，這就是作操作制約。這種報酬與強化的思維也可以用來操控人類的行為。

外在動機

> 說明 外在動機是指外來的強制力所賦予的動機,像是為了獲得報酬、迴避處罰、實踐義務等。「考100分可以得到獎勵」就屬外在動機。

> 使用提示 這種運用糖果和鞭子賦予的動機,雖然短期內很有效,但是動力無法持久。各位是否也遇過類似的動機呢?

糖果鞭子法則無法持久

外在動機是指幹勁源自外來的事物,行動的目的是為了得到報酬或是迴避處罰,所以這股幹勁無法持續太久。弊病是必須有人不斷給予糖果或鞭子,否則便無法使人行動。

> 外在動機是短期間強而有效的手段,實施重點在如何精確瞄準並妥善運用。

內在動機

說明 內在動機是指因為自身的興趣、好奇心、關心而產生的動機。不依賴外界給予的賞罰，只靠內在湧現的動機行事，例如「想做好工作」、「讀書好好玩」這些心態都是內在動機。

使用提示 如果想讓動力持續得更久，最重要的是激發內心的幹勁，或是找出行動間隱含的樂趣。

使動力長久維持的祕訣

內在動機是指幹勁源自於自己的內心。例如獲得成果時產生的成就感、充分發揮能力後深刻感受到的自我效能、如願達成自己的目標後得到的自我肯定感，這些都屬於內在動機。

職場實用心理學

來改變全世界吧

根據實驗證明，比起被賦予外在動機的群體，擁有內在動機的群體幹勁更為持久，也更能締造成果。

社會動機

說明 動機（動力）是一種心理動能，能夠激發行動，促使人維持朝向目標前進的狀態。美國心理學家莫瑞更進一步將動機分為生理動機和社會動機。

使用提示 想要控制動機的來源，必須先了解什麼樣的動機會激發什麼樣的行為。

▌驅使人行動的動機類型

　　莫瑞（Henry Murray）將生存必須的飲食、睡眠等生理需求視為首要需求，而經營社會生活必要的社會需求則視為次要需求。另外，他還為屬於次要需求的社會動機做了更詳細的分類。

遊戲動機
想做有趣的事

秩序動機
想腳踏實地活著

理解動機
想追求更多知識

變化動機
想嘗試新事物！

屈辱動機
想責備自己

攻擊動機
想使對方屈服

自律動機
不想受到約束

支配動機
想立於眾人之上

服從動機
想追隨優秀的人

表現動機
想引人注目

援助動機
想幫助有困難的人

歸屬動機
想依附別人

異性戀動機
想博得異性喜愛

成就動機
想要達成目標！

親和動機
想和喜歡的人在一起

迴避屈辱動機
不想被人輕視

赫茨伯格的雙因素理論

說明 臨床心理學家赫茨伯格（參照P.215）提出雙因素理論，主張工作上有能夠帶來滿足的因素與不滿的因素。

使用提示 必須掌握對方真正追求的事物，了解如何激發公司和身邊夥伴的幹勁。

想得到的，以及理所當然的事物

赫茨伯格（Frederick Herzberg）將工作上令人滿足的因素視為「激勵因素」，只要得到這個因素就能提高滿意度，工作動力也會更高。而令人不滿的因素則屬於「保健因素」，健全的環境和關係雖然可以消除不滿，但無助於提高滿意度和動力。

激勵因素
・工作的成就感
・責任範圍擴大
・能力進步和自我成長
・有挑戰性的工作　等等

保健因素
・公司的方針
・管理方法
・勞動環境
・作業條件　等等

經營者、領導者這些站在驅動他人立場的人，更需要深入了解這個理論。

匱乏動機與成長動機

說明 這是由主張需求層次理論（參照 P.27）的心理學家馬斯洛所提出的動機理論，主張人的行為源自於匱乏動機和成長動機。

使用提示 只要分辨下屬或同事是屬於匱乏動機型還是成長動機型，並給予危機意識或目標，就能有效驅使他們。

行為動機也分高低層次

匱乏動機是最接近本能的動機，會使人因為「不想被罵」、「不想丟臉」而採取迴避危機的行為。另一方面，成長動機則是更高層次的動機，會因為「想要貢獻社會」、「渴望自我實現」而主動行事。

★ **匱乏動機較強**
會因恐懼或不安而行動，不論本人意願如何都會行動。

★ **成長動機較強**
會為了實現自我而行動，行事主動。

★ **匱乏動機較弱**
會因為壓力過大而緊張不安，容易依賴別人。

★ **成長動機較弱**
行動力很強，又常常不顧周遭而失去控制。跌宕起伏很劇烈。

第5章

職場實用心理學

班度拉實驗

說明 這是由加拿大心理學家班度拉（參照P.213）所進行的實驗，證明人也會透過觀察別人的行為來學習。

使用提示 智者會從別人的經驗當中學習，觀察別人的行為也能學習新知。各位從現在開始要更仔細觀察周遭的人事物。

模仿的本能

班度拉（Albert Bandura）透過實驗，證明即使學習者沒有親自體驗，也能藉由觀察別人（模仿）來達到學習的成果。首先，他將幼稚園學童分成兩組，讓A組看見大人毆打玩偶的樣子，B組則是看大人和玩偶親密玩耍的情景。之後，他再安排這些幼稚園學童和玩偶一起玩，結果A組的學童做出和大人一樣的毆打行為。

大人必須要明白，自己的一舉一動都會看在孩子的眼裡，深刻影響他們。俗話說有其父必有其子，這句話可是經過心理學的證實。

比馬龍效應

說明 美國教育心理學家羅森塔爾（Robert Rosenthal）和雅各布森（Lenore Jacobson）透過實驗，證明老師對學生抱以期待，便有助於提高學生的成績。這個效應又稱作羅森塔爾效應。

使用提示 如果你心中有想要培育的人選，就要先對他寄予期望，然後稱讚他。這樣便可以促使被稱讚的對象逐漸積極起來。

辨別讚美型與責備型的人

人只要飽受期待，就會想努力達到成果。面對會在讚美下成長的人，不要太計較他的小瑕疵，只要仔細觀察、發掘他的優點就好。但也有人需要責備才會成長，所以必須清楚分辨對方究竟屬於哪一種類型。

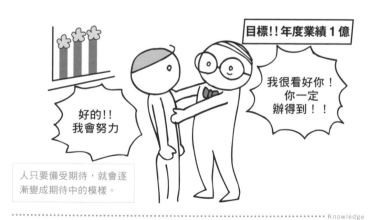

目標!!年度業績1億

我很看好你！你一定辦得到！！

好的!!我會努力

人只要備受期待，就會逐漸變成期待中的模樣。

.... Knowledge

自證預言：當一個人得到周圍的讚美，就會開始對自己產生期待，進而有意識或無意識地逐漸變成期待中的樣子。

PM 理論

說明 日本社會心理學家三隅二不二提出的理論。P（performance function）是指「目標達成功能」，M（maintenance function）則是指「團隊凝聚功能」，以這兩個指標為坐標，將領導能力分成四種類型。

使用提示 了解四種領導能力類型，可以彌補自己的不足，也能發現適合自己的領導方式。

透過 PM 二軸定位領導能力

　　PM 理論是透過行為理論的研究，歸納出優秀領導者共通的行為。PM 理論包含設定目標、擬訂計畫、指示團員等為了完成目標的「目標達成功能（P）」，以及保持團隊良好人際關係、維護團隊向心力的「團隊凝聚功能（M）」，根據兩者的比重，將領導能力劃分成「PM 型」、「Pm 型」、「pM 型」、「pm 型」共四種類型。各位不妨看看自己的特質屬於哪一種。

P「目標達成功能」
為了達成目標，驅使團隊的成員展開行動、提高生產效率。

M「團隊凝聚功能」
理解各個團員的立場、保持良好人際關係，維護團隊的運作。

6個問題，掌握領導能力屬哪一類

大家可以回答以下的問題，回答「是」或「否」，找出自己的領導能力類型。

- Q1　加再多班也不覺得辛苦
- Q2　與其教新人怎麼做，不如自己做還比較快
- Q3　只要條件夠好，隨時都能跳槽轉職
- Q4　員工旅遊絕不缺席
- Q5　擁有可以向人炫耀的興趣
- Q6　學生時代曾經當過學生會長或社團的社長

問題1～3，如果有兩題以上的答案為「是」，就屬於P型，1題以下者為p型。問題4～6，如果有兩題以上的答案為「是」，就屬於M型，1題以下者為m型。將（P‧p）和（M‧m）組合起來，就是你的領導能力類型。

P M 型	最理想的領袖類型，工作成果豐碩，又具備團隊領導能力。
P m 型	目標明確、能達到成果，但聲望不佳，缺乏團隊領導力。
p M 型	團隊領導力高，但生產效率很低。
p m 型	生產效率和團隊領導力都很低，不適合當領導者。

喔喔

準備開工!!

激發幹勁的方法

說明 向眾人公布目標的作法，稱為公開承諾。這樣不僅可以提高個人的行動力、強化團隊的向心力，也能激發士氣。

使用提示 員工或下屬士氣低落時，可以好好運用這個方法。另外在誓師大會或例行朝會也能活用。

領導人應活用公開承諾

不只是對自己，同時也當著眾人的面，宣布目標或今後採取的行動（公開承諾），可以營造出非做不可的氣氛，提高達成目標的機率。不過基本上，若是能夠使眾人產生內在動機，會比外在動機還要更能提高動力、延續幹勁，所以最好先辨別當下需要的是長期延續幹勁，還是短期激發幹勁，再分別採取不同的作法。

我一定會讓新企劃大成功！

喔喔～

公布、宣稱目標，贏得眾人的期待，就能使自己為了回應期許而努力。

霍桑效應

說明 這是指透過特殊待遇來滿足自我表現欲,使自己的能力與身體狀況都隨之提升,達到比以往更高的成就。

使用提示 人只要滿足自我表現欲、提高幸福感,就會變得比平常更加勤勞。各位不妨善用這個方法激勵對方。

不由自主想回應別人的期待

如果只有自己擁有別人沒有的特殊待遇,人就會不由自主感到得意。愈是不受大家認同的人,或是渴望得到更多肯定的人,在獲得特殊待遇時所得到的快感和幸福感會比一般人更加強烈。當一個人受到主管或同事的關注、感到得意非凡時,生產力或許就會變高。

①受到眾人矚目

↓

②滿足感、情緒高漲

↓

③採取符合期待的行動

↓

④事事一帆風順

這位是從大阪分公司來的傳奇業務員

大家好!我就是傳說中的那個男人～

喔～好厲害～

委託的方法

說明 說話時,多多善用自動化作用、最高潮法,或是反高潮法,用點小技巧會更容易讓對方接受自己的意見。

使用提示 這些方法都能啟發你如何因應推銷、簡報、委託等任何交涉協商的場合。不妨視時間、地點與情境分別運用。

公開理由,便可提高許可率

自動化作用,是指人在受到他人推動時,會不加思考便會做出行動的心理現象。心理學家艾倫・蘭格(Ellen J. Langer)利用插

儘管大家都不希望自己在影印時被人打擾,但還是很多人答應禮讓插隊者。拜託別人時,不要只是詢問對方「可不可以讓我○○?」而是要講清楚理由(即便這個理由與此事無關),才比較容易得到許可。

**只說出
自己的要求 60%**

請問可不可以
先讓我影印一下?

**大概講明
真正的理由
94%**

抱歉我趕時間,
請問可不可以
先讓我影印?

**找個煞有其事
的藉口
93%**

我一定要影印才行,
可不可以先讓我印?

隊影印的實驗來證明這個心理現象，實驗內容和成功機率如左頁
下方插圖所示。

| 依對象改變說話的結構

根據說話內容的結構，可以分為最後才說重點的最高潮法，以
及先破題說重點的反高潮法。建議了解對方的性格和適合的場
面，分別使用不同的方法。

★ 最高潮法

先詳細說明內容，最後再講重點。
這個方法適合很講究形式或應對難纏
的對象，比如面談或面試等，適用於
一開始就想吸引人專心聽話的場合。

★ 反高潮法

先提出重點，再補充說明細節。這
個方法適合講求邏輯、性急的對象，
比如會議簡報、初次推銷等，適用於
對方並不打算聽你說話、對你毫無興
趣的場合。

.... Knowledge

有種話術叫作「電梯簡報」，是指和客戶或是主管一起搭電梯時，只用僅僅
15～30秒的時間講完重點的方法。省略開場白、直搗話題核心，充分活用有
限的時間。而且不只講完自己的要求，最好還能在結尾講明對方能獲得的好處。

第5章

職場實用心理學

責備與命令的技巧

說明 責備別人時容易表露情感，顯現出自己隱藏的心理。只要冷靜看待對方的態度，就能察覺他對你懷抱的深層心理。

使用提示 這是看穿上司性格的絕佳機會。不妨參考以下範例，學習讓對方更加信賴你的責備、命令方法。

從責備方法觀察心理

其實比起冷靜地斥責、命令下屬，反而大多主管是在火冒三丈飆罵下屬的時候，才能維持自己的精神安定。人在衝動大罵時會表現出自己隱藏的心理。以下介紹三種最典型的例子。

★ 特地走到下屬的座位罵人

這種主管很重視上下關係。他會基於對方地位低於自己的意識，採取俯視的角度命令對方。這種人注重明哲保身，出錯時未必會袒護下屬，無法信任。

這是怎麼回事！

這種人以自己的升遷為優先考量，可能會搶走下屬的功勞，也可能會把責任推卸給下屬，必須小心來往。

★ 把下屬叫來自己面前責罵

主管自己坐在座位上,痛罵站著的下屬,代表他認為自己的地位不容質疑。這種人的內心認為下屬只是個可供隨時差遣的棋子,是無法吸引人追隨的類型。

喂!
你給我過來!

> 有些主管會過度指責下屬,這種人的內心多半都懷抱著自卑感。

★ 把人叫到無人地點責罵

這種主管認為自己和部下同樣都是人,願意尊重對方的立場。對方可以感受到他是為自己著想才罵人,是能吸引人追隨的類型。

妳過來一下

會議室

> 在四下無人的地點責罵。這種體貼的態度,最適合各位在責備別人時作為參考。

・・ • Knowledge

根據研究結果,向對方提出降職、裁員、減薪等高負荷的要求時,與其委婉地說「實在很抱歉……」,不如直接告訴對方「因為你表現不好所以要給你降職」、「因為你業績太差所以要減薪」,反而能令對方舒坦一點。

破窗效應

說明 這是由美國犯罪學家喬治・凱林（George L. Kelling）和詹姆士・威爾森（James Q. Wilson）發表的理論，意指未整頓的輕微失序狀態，會培養出容易誘發重大犯罪的環境。

使用提示 最好多顧慮公司裡會擾亂風紀的小事或其他細微末節。唯有整潔有序的職場，才能帶來好業績。

運用6S，徹底做好管理

破窗效應又稱破窗理論，簡言之，若不及時處理像窗戶破裂這種瑣碎細節，就代表根本沒人在乎這棟建築，最終會導致其他樓層的窗戶也被破壞。身為領導者，一定要細心經營6S（整理Sort、整頓Set in order、清掃Shine、標準工作流程Standardize、持續養成良好工作習慣Sustain、安全Security）。

10分鐘後開始工作！

擦　擦

> 每個人都不放過細節，才能維持有益於全體成員的優良環境。

海恩法則

說明 又稱作1：29：300法則，意思是每一件重大事故的背後，必定有29次輕微事故，而且還有300次未遂隱患（雖然情況輕微，但日後演變成重大事故也不意外的事件）。

使用提示 只要避免未遂隱患的發生，就能預防嚴重事故和災害，因此我們必須設法排除不安全的行為和狀態。

▌ 事故災害的金字塔結構

這是由日後被視為「工業安全先驅」、於美國產業保險公司擔任技術調查部副部長的赫伯特・威廉・海恩（Herbert William Heinrich）所提出的法則。為了預防重大事故和災害，必須在隱患出現的階段就做好應變的措施。因此每一個人平時都一定要徹底做好每一件小事。

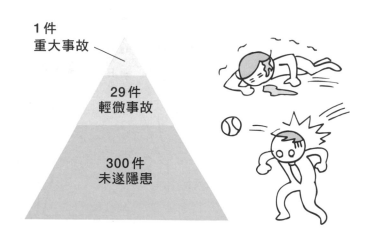

1件
重大事故

29件
輕微事故

300件
未遂隱患

Chapter 5

職場實用心理學

暈輪效應

說明 由美國心理學家桑代克發明的詞彙,意思是人所具備的某個顯著特質,會一併將其他特質帶往正面或負面的方向、進而扭曲其他特質的心理學效應。又可稱作光暈效應、光環效應。

使用提示 這個理論可以用來塑造形象、提高業務員的業績。不過我們也要小心負暈輪效應,以免吃了不必要的大虧。

人的外表影響有多大?

暈輪效應是種認知偏誤,可以分為兩種:帶來正向認知的「正暈輪效應」,是指某人因為畢業於知名大學,或寫字很漂亮,就容易被認為品格也十分端正優秀;而「負暈輪效應」是指某人只有高中畢業,或寫字很醜,就容易被認為工作能力低落。

我在哈佛唸MBA
還在巴黎的大學留學

怪不得
這麼厲害呀

雖然整齊乾淨的外表能令人發光、只要擁有高學歷就會被認定是優秀人才,但千萬不能謊稱自己的學歷。

單純曝光效應

說明 由美國心理學家載陽（Robert Zajonc）提出的法則，人只要接觸某個人事物的次數愈多，會愈加強正面印象。又稱作重複曝光效應。

使用提示 如果想提高別人對你的好感，最有效的作法是增加彼此的接觸次數。比起1次1小時的面談，6次10分鐘的面談會更有效果。

職場實用心理學

與人接觸次數愈多，就能打造好印象

載陽做了項實驗，他從大學畢業紀念冊中選出12個人的照片給受試者看，每張照片的隨機觀看次數為1～25次，等受試者看完照片後，再將12人的照片排在桌上，請他選出印象最好的照片，結果受試者選擇看了25次的照片。於是他根據這個實驗結果，發表單純曝光效應理論，主張「人會對接觸次數愈多的對象產生好印象或好感」。

只要增加接觸次數，好感和好印象就會愈強烈，所以在談戀愛時，千萬不要一次不成功就放棄，耐著性子多追求幾次，或許就能提高成功率。

第5章

職場實用心理學

林格曼效應

說明 這是指人在團體分工合作時的平均工作量,會比獨力作業時更低的現象。又稱作社會性懈怠。

使用提示 為了提高團體合作的效能,最好公布個人的貢獻程度或成果,以激發個人的進取心。

從拔河看群眾心理

　　人類只要組成群體,每個人對全體的貢獻程度和成果就會變得不明顯,導致個體的進取心降低,覺得「就算偷個懶也不會被發現,應該沒關係」,造成整個團隊的工作效率比獨力作業還要差的結果。德國文豪歌德有句話就說得妙,「若是一個人無意搬運石頭,即使有人幫忙也一樣搬不動」。

法國農業工程師林格曼(Maximiien Ringelmann)在拔河實驗中,透過數據分析證明拔河人數愈多、平均每人拉繩索的力道就愈小。

同儕／團體壓力

說明 人是會自然跟隨大眾主流意見而行的生物，這是因為我們會不由自主受到團體潛意識的壓力影響。

使用提示 人數愈多，愈容易產生同儕壓力。因此下判斷時，最好仔細檢視自己內心真正的想法。

比起意見本身，更容易受人數左右

美國心理學家阿希（Solomon Eliot Asch）曾做過一項同儕實驗。他對幾個人提出一道簡單的問題：「這裡有條直線，請各位選出同樣長度的直線。」如果是一對一提問的情況，幾乎所有人都能答對；然而當阿希請來助理參與實驗，讓他當眾刻意答錯後，受試者全體的正確率就下降到80％了。後來，隨著愈多助理加入實驗跟著答錯，正確率也會變得愈低。

「察顏觀色」的風氣也是一種同儕和團體壓力。可見人要受到規範性的影響，才能輕易做出判斷。

一點也沒錯！

沒錯！

沒錯！

為了公司大局著想無薪加班是理所當然的

沒、沒…

職場實用心理學

千萬不要與黑心企業的風氣同流合汙。當自己無法成為多數派時，要勇敢逃離這種環境。

第5章

旁觀者效應

說明 這是由美國心理學家拉丹（Bibb Latané）和達利（John Darley）提出的群眾心理理論，意指發生某件事時，如果有旁觀者在場，自己就不會想率先行動。

....

使用提示 旁觀者效應會因為旁觀人數愈多而愈明顯。需要別人幫助時，一定要先知道該如何讓對方採取行動。

....

職場實用心理學

人會在什麼狀況下出手幫忙？

　　過去曾經發生一起社會案件，有名女性在回家途中遭到暴徒襲擊，她大聲呼救，但附近的居民卻沒有半個人報警。拉丹因為這起事件而開始注意到「旁觀者效應」，察覺「正因為很多人都發現了，才沒有人願意行動」這一個事實。

> 田中，拜託你幫我～！

> 誰來幫幫我～！

> 嗯？我嗎？

光是喊「誰來幫我」是沒有用的，直接喊出特定的名字會更有效。

冒險遷移

說明 冒險遷移是指由群體來討論決議，比起個人獨自決策，會更傾向選擇高風險的方案。

使用提示 在公司會議、家庭會議這種多數人聚在一起的場合，要冷靜觀察意見的走向。

群體的決策往往更大膽

1961 年，美國麻薩諸塞理工學院的研究生詹姆斯・斯托納（James Stoner）發現，態度作風相對穩健的人，融入群體時卻會發表出更大膽的意見。而這種在群體議論中多數意見走向極端的現象，就稱作「冒險遷移」。

像新創企業這類冒險犯難且偏激的團隊，特別容易發生冒險遷移現象。

政府機構、保守組織，會傾向讓團隊朝著維持現狀的方向發展，這就叫作謹慎遷移。

鴉雀無聲

上啊！

喔喔

先看看情況再決定吧

也是

• Knowledge

猶太人有條古訓是「全體一致視為無效」。人類的思維並不是絕對的，所以全體意見一致的狀況代表其中必定有謬誤。會引發異議的意見比較值得信賴，這就是人生的智慧。

如何組成一支有效率的團隊？

說明 這裡來介紹美國心理學家麥格雷戈（Douglas McGregor）提出的動機論「X理論和Y理論」，看看分別以性善說和性惡說來對待團隊成員，最後會造成哪些差異。

使用提示 傳統的日本企業都是以X理論為主流，不過近來相信人類主動性的Y理論派也愈來愈多了。各位不妨作為企業管理的參考。

透過測驗洞悉團隊成員的契合度

公司運作的最理想狀況自然是團隊全員的動向一致，但人只要聚在一起，難免還是會產生好惡和窒礙。這時候就要畫張「社交關係圖」，把握團隊裡的人際關係。社交關係圖是心理療法專家莫雷諾（Jacob Levy Moreno）發明的方法，具體作法是請團隊成員一一指出自己喜歡的成員、討厭的成員，然後據此畫出關係圖。從圖中可以得知誰是軸心人物、誰和大家處得最好，再藉此思考團隊的編制。

啪滋
啪滋

善用社交關係圖，充分了解公司裡的黨派。

區別關鍵就在一句話

「放手去做！」是日本三得利啤酒公司創辦人鳥井信治郎的名言。他非常重視員工的自主性，這正是麥格雷戈所主張的Y理論典型。至於X理論的是建立在「人生性怠惰」的思考，所以會透過嚴格的監督機制管理團隊。那麼，究竟哪種作法才能有效帶來成果呢？

★ X理論
秉持人生性怠惰的價值觀

這個理論認為，若不管教員工或團隊成員，他們一定會偷懶不工作，所以主張必須下令、建立統一機制和管理。有些企業不僅要求員工每天做工作日報，甚至還要以每小時為單位報告。如果成員能力不足或勞動意願低落，偶爾也需要對他們採取斯巴達式的教育管理。但不能只是嚴格管教，最重要的還是要向成員揭示未來的目標。

★ Y理論
秉持人會自主勞動的價值觀

這就是「放手去做」的精神。主張人能從工作中尋求快樂，認為人也有追求社會認同的需求，會積極投入工作。這個理論也是基於人性本善的觀念，尊重成員的自主性，促進實現個別目標。重點在於領導者要將這些目標統一彙整成有益於組織的方向。

.... ● Knowledge

在X理論和Y理論的中間還有個「Z理論」。它主張不該全權交由員工處理，而是對員工寄予某種程度的信任和關懷。Z理論比較適合日本式的經營手法。

學習三律——練習、準備、效果

愛德華・桑代克

Edward L. Thorndike

1874 – 1949

美國心理學家，心理學行為主義和學習研究的先驅。他利用動物實驗進行學習研究，提出學習的效果來自刺激和反應之間的連結強弱。著有《教育心理學》(*Educational Psychology*)，被譽為教育心理學之父。

分類人的行為再加以觀察

伯爾赫斯・法雷迪・史金納

Burrhus Frederic Skinner

1904 – 1990

美國心理學家，行為分析學的創始人。他將人與動物的行為分成反應制約和操作制約兩大類，奠定行為分析學的基礎。另外，他還發明只要按下槓桿就會自動掉出飼料的鼠用箱型實驗裝置，命名為史金納箱。

提出「模仿」式的學習

亞伯特・班度拉

Albert Bandura

1925 –

加拿大心理學家。相對於以學習主體的經驗為前提的行為主義學習理論，他則提出觀察也能達到學習成效的社會學習理論。他透過波波玩偶實驗（班度拉實驗），證明模仿能夠帶來觀察學習效果。

關注「環境」給「行為」賦予的意義

詹姆斯・傑爾姆・吉布森

James Jerome Gibson

1904 - 1979

美國心理學家。他反駁主張人是透過神經系統建立認知的認知心理學，提出「心」會直接認識環境刺激的直接知覺理論。他的「支應性」概念，指出環境驅使人和動物行動的可能性（意義），開拓生態心理學的領域。

主觀的認識 比環境更重要

科特・考夫卡

Kurt Koffka

1886 – 1941

出生於德國的猶太裔心理學家，完形心理學的創始人之一。他提出主體的行為並非來自對於客觀環境的認知，而是來自主體認知的主觀環境，這個「行為環境」的概念也深深影響了吉布森，對支應性理論的建立貢獻良多。

思覺失調症 特徵的彙整者

庫爾特・施奈德

Kurt Schneider

1887 – 1967

德國精神科醫師，以思覺失調症的診斷和研究而聞名。他將思覺失調症與其他精神疾患區分開來，將其特徵統整成為「施奈德一級症狀」。此外，他也根據自己的臨床經驗，提出10種心理病態類型。

李夫・維高斯基

Lev Semenovich Vygotsky

1896 - 1934

每個發展層次都有適當的課題

來自白俄羅斯的前蘇聯心理學家。他批判現有的心理學理論，主張唯物論的心理學，活躍於發展心理學與其他多種心理學研究領域。他最著名的理論是發展心理學的近側發展區間理論（ZPD）。

發現影響動機的要素

弗雷德里克・赫茨伯格

Frederick Herzberg

1923 - 2000

美國臨床心理學家。他提出雙因素理論，從「激勵因素」與「保健因素」分析人在工作上的滿足與不滿要因，對現代商務管理的影響深遠。

第6章
戀愛實用心理學

人是從異性身上的哪一部分感受到魅力呢？心理學可以解答這個問題，而且還能傳授你如何使對方對你產生好感的小祕訣。這一章除了會談到戀愛相關的實用技巧以外，還會討論婚姻、生育、育兒，以及男女成為父母以後一定要知道的事。希望各位都能從中獲得啟發，解決男女之間「適應不良」的問題。

異性的魅力

> 說明 據說人只要花0.5秒就能感受到對方的魅力,而男性最快只需要8.2秒就會墜入情網(但女性似乎不會這麼衝動)。那麼,我們究竟是如何從異性身上感受到魅力呢?

> 使用提示 只要了解自己容易愛上什麼樣的人,或許就能學會聰明談戀愛?人對於戀愛對象與結婚對象的要求差異,也值得作為擇偶參考。

女性容易愛上與父親相像的男性

加利福尼亞州立大學的研究人員曾做過一項實驗,內容是邀請一群女大學生攜帶父親的照片,然後給她們看各種類型的男性照片,詢問她們希望和哪位男性交往。結果有一半以上的女生都選擇長得與父親相似的男生。

這就和雛鳥會把第一眼看見的對象當作父母一樣,女性初次見到的異性多半都是父親,所以潛意識裡難免會追求與父親相像的男性。反觀男性,也往往會選擇與母親相似的女性。

愛上與自己相像的人

我們容易愛上行為模式、言行舉止與自己相似的人，而且還很容易愛上「長得像自己」的對象。根據研究指出，夫妻的臉部五官通常都很相似，甚至連雙眼的距離、耳垂的長度、中指的長度也都非常接近。各位不妨觀察街頭的情侶是否都具備這個現象。

參加相親聯誼時，可以找看看五官構造最像自己的人。

戀愛追求相似性，婚姻追求相輔性

雖然我們容易愛上像自己的人，但是論及婚姻時，就會開始注意彼此的才能和性格是否能夠互補，這就是所謂的相輔性。只要用心觀察就不難發現，有點邋遢的男人，身邊往往有個能貼身照顧他的妻子；心強體壯的丈夫，通常也以保護柔弱的妻子為榮。

夫妻就是一對彼此的反射鏡。

接近性的效果

說明 人只要近距離見面的機會愈多,就會愈喜歡對方。來看看不同的距離會造成多大的差距吧。

使用提示 如果想讓對方喜歡自己,最快的捷徑就是拉近彼此的距離。但是,在雙方建立良好的關係以前,距離忽然拉得太近只會造成反效果,所以也別忘了注意保持適當的距離。

我們喜歡離自己愈近的人

美國心理學家費斯廷格(Leon Festinger)針對住在宿舍的大學生做實驗,證明學生入住宿舍半年後,成為好朋友的機率會因為物理上的距離愈近而愈高。

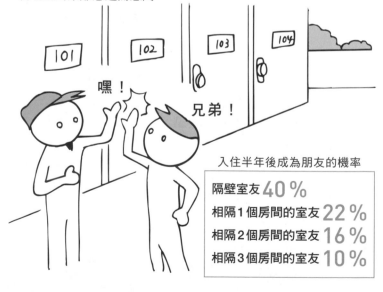

入住半年後成為朋友的機率

隔壁室友 40 %
相隔 1 個房間的室友 22 %
相隔 2 個房間的室友 16 %
相隔 3 個房間的室友 10 %

好意的回報性

說明 這也是由美國心理學家費斯廷格提出的理論。人類與生俱來的特性是只要有人對自己好,也會同樣想對對方好。

使用提示 如果你想接近某個人,首先要喜歡他,透過語言和態度傳達這份心思,這就是讓對方喜愛自己的捷徑。這個理論也會告訴你眼神傳情有多麼重要!

男人無法抗拒眼睛發亮的女人

人只要得到別人的好意對待,就會想要以善意回報;只要受人恩惠,日後就會找機會報恩——這就是「善意」的回報性。不僅如此,就生理層面來說,人只要對某個人深感興趣,瞳孔就會自然擴張;瞳孔擴張時會使得眼睛看起來就像發光似地,因此對方也會下意識察覺到「這個人對我有意思」。

我也喜歡妳 ♥

向心上人開口表明心意是最快的方法。希望對方能夠喜歡上自己時,不妨試著在他面前把眼睛睜得比平時還要大。

個人空間

說明 在自己周圍設限、拒絕別人入侵的心理空間，就稱作「個人空間」。如果彼此屬於親密的關係，這個距離就會縮小。

使用提示 只要掌握好彼此的個人空間範圍，就能建立圓滿的人際關係。用心摸索出讓自己和對方都能感到舒適的距離感吧。

八種距離感，助你察覺彼此的界線

擁擠的捷運之所以令人感覺不悅，是因為只容許戀人進入的距離被陌生人入侵，自己的地盤（個人空間）遭到外人踐踏。接下來了解一下美國文化人類學家霍爾（Edward Twitchell Hall）提出的八種空間距離，評估自己和別人的距離感吧。

★ **親密距離**

★ **個人距離**

近個人距離
（45～75 cm）
需要伸直手才能觸碰的距離。超越友情，但尚未論及愛情。

近親密距離
（0～15 cm）
非常親近的兩人之間的距離，只有特別的人才能進入。

遠親密距離
（15～45 cm）
伸手可及的距離。僅限關係親近的人，一旦有外人入侵就會產生壓力。

遠個人距離
（75～120 cm）
朋友之間的距離。

遠社交距離
（200～350 cm）

商業場合的距離，
也是適合正式談話
的距離。

★ **公眾距離**

★ **社交距離**

遠公眾距離
（750 cm～）

大型發表會或是演講時的
距離，需要做肢體動作。

近社交距離
（120～200 cm）

難以觸碰到對方的
距離，例如與同事
間的距離。

近公眾距離
（350～750 cm）

勉強可以一對一
對談的距離。

從距離感可以看出交情的深淺

　　像是只允許戀人進入的距離，或是公務關係的距離，人與人之間的物理距離會因彼此的親密程度而異。各位只要稍微注意一下自己下意識想維護地盤的反應，就能察覺自己內心深處是如何看待對方。

　　另一方面，如果想自然地表達自己對他人的好感，可以試著努力拉近彼此的距離。如果對方有所回應，就證明他十分信任你。

• Knowledge

有些國家的文化風俗是一見面便擁抱問候，因此個人空間的範圍會因國家或民族而不同。

第6章

戀愛實用心理學

同步性

說明 同步性的意思就是同一種步調。做出和對方同樣的舉止或相似的行為,可以使對方產生好感,達到心靈相通的效果。

使用提示 不只是談戀愛,面對想要拉攏的商業客戶時,也要用心積極地與對方同步。

▎觀察對手,如鏡子一般模仿

對方點頭,你也跟著點頭;對方喝飲料時,你也立刻跟著喝一口。人會因為對方做出與自己相同的動作而莫名產生好感,因此如果想要贏得一個人的好感,首先就是要模仿他的一舉一動。

和對方穿同一件衣服、點同一道餐點,在同一時間做相同動作。

巴納姆效應

說明 這是將一般性的話題或是符合大多數人的描述,當成是為自己量身訂做的心理現象。又稱作佛瑞效應。

使用提示 了解這個效應後,從此再也不會因為算命結果而悲喜交加,還能進一步學會正確分辨電視廣告宣傳的資訊。

A型人個個都謹慎周到?

相要了解巴納姆效應,最好的研究材料就是算命。只要說「你為人謹慎,但也有粗心大意的一面」,幾乎所有人聽了都會點頭稱是。「巴納姆效應」一詞是取自美國馬戲團經營者費尼爾司・巴納姆(Phineas Taylor Barnum),他認為「我們生來都具備某種大眾皆有的特質」,並以此為核心展開精湛的宣傳。

結果
你很善於社交,
但同時也具備內
向害羞的一面

仔細想想,這種評價是不是人人皆適用呢?

博薩德法則

說明 這個法則和接近性的效果（參照P.220）有點像，是指男女之間的物理距離愈近，心理距離就會愈小。

使用提示 這個法則適用於想要順利談戀愛的人，尤其是遠距離戀愛中的情侶。如果你有認定的對象，建議你儘量不要離開他。

▎遠距離戀愛果然不容易？

美國心理學家博薩德（J. H. S. Bossard）以5,000對訂婚的情侶為研究對象，調查他們的物理距離和完婚情形。結果發現，距離愈遠的情侶愈無法成功完婚，已訂婚的情侶當中，則只有33%是住在半徑5個街區以內的距離。

或許比起遠在天邊的情人，人還是寧願選擇近在眼前的外人，所以正在談遠距離戀愛的情侶要當心了。另外，如果你有了心上人，最好搬到他家附近會更有機會（但千萬不要變成跟蹤狂喔）。

男女之間心的距離，無法靠網路或電話通訊來彌補。

怎麼坐，才能拉近心的距離？

說明 除了居住的距離，如果能夠一併考量座位的距離，就更能順利縮短彼此的心理距離了。重點是兩人要併肩而坐，視線朝向同一個方向。

使用提示 這個方法適用於想要順利談戀愛的人，尤其是已經超越友情卻遲遲未正式交往的曖昧對象。

併肩進入親密距離，心靈的距離也會變近

　　座位也會牽涉到個人空間理論，只要雙方建立了親密距離（0〜45公分）的關係，就代表彼此已經是情侶關係了。兩人併肩而坐，自然就會拉近距離，所以建議在餐廳裡不要坐桌席，而是挑選吧台。兜風約會也算是併肩而坐，或許也能夠有效縮短彼此的距離。

兜風時

「坐得很近」會讓人產生「我很信任對方」的錯覺。

用餐時

心情好轉效果

說明 人只要待在舒適暢快的環境裡，就會對現場一同待在身邊的人產生正面的感情。這就叫作心情好轉效果。

使用提示 這個方法可以應用在戀愛或是談生意的地點。最好選擇能夠使心情感到舒坦的地方，或是保持房間通風、以鮮花裝飾空間。

環境溼度高，心情也會變得潮溼

美國心理學家葛瑞菲特（William Griffitt）透過實驗，研究氣溫和溼度對人的印象所造成的影響。他將受試者分成兩組，一組在舒適的環境下等待，另一組則在不舒適的環境下等待，接著他請 A 小姐分別和兩組人閒聊。結果發現，舒適組的人對 A 小姐的印象都很好。另外還有實驗證明，如果有事想拜託別人時，選擇在香氣怡人的房間提出，會比較容易得到回應。

室溫→涼爽	室溫→高
溼度→低	溼度→高
有淡淡香氣的房間	沒有氣味的房間

如果能夠運用不同的香氣營造效果，就稱得上是氣氛營造專家了。

吊橋效應

說明 人會將恐懼時心跳加速的現象誤認為是戀愛心動的感覺,這就叫作吊橋效應。這種心理和因為悲傷而哭、還是因為哭而悲傷的探討(參照P.103)非常相似。

使用提示 和心上人約會時,就去驚悚或刺激的景點玩吧!

誤認為心動信號的歸因謬誤

加拿大心理學家達頓(Donald Dutton)和亞隆(Arthur Aron)做了實驗,內容是請男性走過堅固的石橋和懸空的吊橋後,在另一端遇見陌生女性。結果發現,當受試者走過劇烈搖晃的吊橋後,會對女生產生非常好的印象。上述現象就叫作歸因謬誤,也就是把其他事情的原因(對女生心動)誤植成真正的緣由(走吊橋時的緊張感)。

仔細規劃約會的行程,便可以讓對方因外來刺激而產生心跳加速的錯覺。

午餐技巧

說明 這是在用餐時和對方交涉的手法。人在享受美味的食物時,會比較容易被說服。

使用提示 不分戀愛或生意場合,所有交涉協商的情境都適用。接待賓客也同樣能發揮效用。

美味的餐點,會使對方顯得更出色

有一項實驗是將受試者分成兩組,一組招待食物和飲料,另一組則什麼也沒有,最後再分別詢問兩組人一些問題。結果享用食物飲料的那一組人,都給出比較善意的回答。由此可見,人在用餐時會比較容易接受對方的要求。

就和吊橋效應一樣,人會將用餐時的好心情誤認成對方的好感,這也是種歸因謬誤現象。所以約會和談生意時,要挑選口碑好的餐廳。

自我揭露

說明 包含弱點在內，將自己的一切全部坦然表現出來，這就叫作自我揭露。自我揭露能夠令對方產生親切感。

使用提示 追求心上人時希望對方喜歡自己，或是想在職場博得大家的好感，都要學會先敞開自己的心房。

自我揭露的回報性

　　如果想要與別人之間的關係更加親近，那就一定要自我揭露。只要將自己的性格、背景環境等一切資訊，連同弱點也一併傾訴出來，對方就會認為你「信賴」他，進而對你抱有好感。不只如此，對方也會連帶產生自我揭露的意識，進而對你敞開心房。如此便能順利拉近人與人之間的距離。

其實我在公司捅了婁子⋯⋯

她想找我談心嗎？

妳的心情我懂！

其實我也⋯⋯

為了避免聽起來像在發牢騷，最好能用語帶幽默的方式來闡述。

第6章

戀愛實用心理學

跟蹤狂

```說明``` 這是指會做出死纏爛打、打無聲電話等騷擾行為的人。由於受害人愈來愈多，日本政府甚至還在 2000 年訂立跟蹤狂防範條例。

```使用提示``` 跟蹤狂有許多種類型（請參照下方內容），須因應不同類型做好對策和防範措施。當事人感到困擾時，要立刻尋求身旁的親友協助！

▎缺乏自覺，招惹對方厭惡的反常行徑

跟蹤狂只會以自己的心願為優先，並將自己的妄想擴大解釋。甚至也有妄想對方愛著自己、沒有自己就會死的「情愛妄想症」患者，這也屬於一種人格障礙。跟蹤狂又分為追蹤型、明星型、戀愛復仇型、網路型等許多種類型，必須針對不同的類型做好因應措施。

社群媒體容易鎖定個人資訊，各位一定要提高警覺，建立起網路安全的防衛意識。

家暴（家庭暴力）

說明 這是指親密的男女之間其中一方對另一方施暴的行為。日本在 2001 年頒布了家暴防治法，警察得以介入處理家庭暴力案件。

使用提示 事先熟知防治中心和收容所的資訊，並掌握諮詢和避難的選項。另外也要注意身邊有沒有家暴案例的可疑人士。

家庭的暴力循環

家庭暴力會從累積壓力的緊張形成期，走向一發不可收拾的暴力爆發期，接著又會進入為施暴行為道歉、態度變得極為溫柔的蜜月期，如此一再循環。加害人在蜜月期表現出的溫柔體貼，使得受害者誤以為這才是對方的本性，結果延宕解決問題的時機，又難以揭露對方的惡行。因此第三者必須用心觀察，才能及早發現問題。

醫師、自僱人士、公務員這類追求外表體面的職業，很容易出現家暴的傾向。

緊張形成期

蜜月期

對不起啦

暴力爆發期

第6章

戀愛實用心理學

為什麼我們仍然要結婚？

說明 心理學家艾瑞克森曾說過：「婚姻是成人階段的重要發展課題。」阿德勒也曾說：「婚姻是幸福的最高境界。」

使用提示 現代人的生活型態走向多元化，不婚、晚婚的趨勢也愈來愈明顯。另一方面，卻也有愈來愈多人擔憂經濟能力不足，而遲遲無法走入婚姻。

▎阿德勒論結婚對象的條件

前面章節已經提過，婚姻追求的是相輔性（參照P.219）。

阿德勒認為，兩人結婚最重要的條件是①知性的契合度、②身體的魅力、③維持友情的能力、④關心伴侶更勝於自己、⑤職業成就力，以及⑥互助合作的態度。

> 一項關於婚後好處的問卷調查結果顯示，大多數的情侶都認為除了經濟穩定以外，也能獲得「精神上的安定」。可見婚姻在心理層面上的好處，遠比經濟層面更明顯。

孩子如何改變一個人？

說明 當一個人有了孩子以後，生活面貌便會有所改變。女性自然會出現身體外貌的大幅改變，那麼男性又會產生什麼樣的變化呢？

使用提示 當女方生育後的負擔變重時，就很考驗男方的處事態度了。為了盡力減少太太的不安，最好時常陪伴在側、與她分享煩惱和想法。

為人父母，人格也會出現轉折？

　　根據一項研究指出，當一個人成為父母以後，人格就會改變。舉例來說，像是「個性變得寬容圓滑」、「可以忍耐自己的需求」、「拓展對政治和社會的視野」、「開始覺得人生很充實」、「不輕易妥協，更有韌性」等等。看來孩子確實能夠培育父母進一步成長。

以前

現在

許多男性當了爸爸後，就會像變了個人似地，對孩子寵愛有加。這也是正常的發展現象。

很多男性因為目睹伴侶生育的辛苦，內心深受感動。

戀愛實用心理學

235

育兒和依附

說明 本單元將舉出沒有感情的孩子（無情型人格）、令孩子感到混亂矛盾的雙重束縛為例，解說親子依附的發展過程。

使用提示 父母和身邊的人的愛情深度，對於孩子的發展與成長都會造成深遠的影響。閱讀本章節，可以大幅啟發育兒的知識。

避免孩子走向「扭曲的性格」

無情型人格，是指孩童在童年時期很少向父母撒嬌，當孩子長大後所展現出來的扭曲人格。這種性格的人乍看之下和藹可親，其實猜疑心和嫉妒心都很強，偶爾還會展現出殘忍的一面。為了不讓孩子變成這樣，最好多多關懷寵愛自己的孩子。

孩子也需要溫暖的呵護。美國心理學家哈洛（Harry F. Harlow）透過幼猴的實驗證明了這個理論。

依附與歸宿

幼兒從出生到3歲左右，會為了吸引父母的關心而露出千變萬化的表情。如果父母因此產生反應，彼此之間就會建立名為「依

附」的情感連結。心理學家鮑比（John Bowlby）認為，依附是孩子成長必備的情感。以下就來介紹他所提出的依附發展過程。

1．依附前階段（～3個月）
幼兒會看每個人的臉，對他們笑。

2．依附形成階段（3個月～6個月）
開始只會對父母與其他特定人士露出笑容。

3．依附成立階段（6個月～2歲）
當依附對象不在時就會哭泣，渴望和對方在一起。

4．目標修正的協調關係（3歲以後）
即使依附對象不在，也能獨力自處。

容易逼迫孩子走上絕路的教育方式

「雙重束縛」是指孩子得到兩種互相矛盾的訊息、不知所措的狀態。大人不應該依自己當下的心情隨意改變意見，而是要將自己一貫的觀念告訴孩子。如果孩子長期處於雙重束縛的狀況，就會逐漸封閉心靈，甚至可能罹患心理疾病，要多加小心。

要把飯吃光！　趕快吃飯！

皮亞傑和柯爾伯格的發展理論

說明 本單元將解說瑞士兒童心理學家皮亞傑（參照 P.240）的認知發展理論，以及美國心理學家柯爾伯格（參照 P.243）的道德發展理論。

使用提示 本章節內容將幫助各位了解孩子長大成人的過程，同時獲得更多育兒的啟發。

智能的質發展理論

　　皮亞傑研究幼兒的玩耍行為，將孩子的智能發展分成四個階段。根據心理學家卡特爾的說法，智能又分成天生就會適應、記憶全新場面的流質智力，以及靠經驗逐漸累積而成的晶質智力。

感知運動階段（0〜2歲）
嬰兒時期的孩子，只要手碰到東西就會握住、只要嘴巴碰觸乳房就會吸奶，都屬於反射行為。這個階段只會以自己的感覺和運動來認識世界。

前運算階段（2〜7歲）
孩童正值言語和想像力發展的階段，開始會玩扮家家酒，憑藉想像來認識世界。

道德發展理論

柯爾伯格認為孩子須經過三種水準，總共六個階段才會培養出道德。人起初只會考慮自己的個人利益，經過發展才會逐漸開始思考社會公眾的利益。

這樣爸比和媽咪會難過，我不要！

1.前慣習的水準 （7～10歲）	2.習俗水準 （10～16歲）	3.後習俗水準 （16歲以後）
1-① 避罰服從 避免受罰而服從規則。	**2-①** 好孩子定向 認為必須回應別人的期待。	**3-①** 社會契約定向 認為規則取決於大眾的共識，因此是可以改變的。
1-② 功利定向 能夠滿足自己的需求便服從。	**2-②** 法律與秩序定向 視社會規範為道德判斷的基準。	**3-②** 普遍倫理原則 無關契約、法律，只服從自己相信的倫理道德。

具體運算階段（7～11歲）
孩子開始建立保存的概念，懂得運用邏輯來思考事物。開始可以理解不同的容器也能夠盛裝相同的量。

形式運算階段（11歲～成人）
邏輯思維鞏固，開始懂得透過假設來思考事物。根據皮亞傑的理論，孩子從11歲以後或許就已經算是大人了。

人物介紹

人的思考
有發展階段

尚・皮亞傑

Jean Piaget

1896 – 1980

瑞士心理學家。他確立了發展心理學的臨床手法,以思考的發展理論聞名。他秉持互動論的立場,主張發展會受到遺傳和環境的影響,尤其重視孩子本身的主動建構能力。

母性的養育
相當重要

約翰・鮑比

John Bowlby

1907 – 1990

英國醫師、精神分析學家。他將動物行為學的觀點納入精神分析的研究,建立依附理論。第二次世界大戰以後,他前往義大利調查孤兒院和孤兒的狀況,著眼於孩童發展早期的母子關係,並將研究成果發表成論文集《依附和失落》(*Attachment and Loss*)。

「自我」非常重要

安娜‧佛洛伊德

Anna Freud

1895 – 1982

出生於維也納的英國精神分析學家，西格蒙德‧佛洛伊德的女兒。她是兒童精神分析研究的先驅，原本向父親佛洛伊德學習精神分析學，父親去世後便開始傾心於兒童心理學的研究。她比父親更重視自我的重要性，強調自我的能力可以透過社會來訓練。

潛意識裡幼兒與母親的客體關係

梅蘭妮‧克萊因

Melanie Klein

1882 - 1960

來自奧地利的精神分析學家。她專攻兒童精神分析，以幼兒與母親的內在、心靈關係為中心，發展出新的客體關係理論。客體關係理論在現代也作為思覺失調症的治療理論而備受矚目。

肢體接觸會培養出

親密關係

哈里・哈洛

Harry Frederick Harlow

1905 – 1981

美國心理學家，以恆河猴的代理母親實驗聞名。傳統的精
神分析學認為母親對孩子的愛單純源自於哺乳需求的滿
足，但他藉由這項實驗否定這個看法，主張母子的愛是來
自肢體上的接觸。

了解自己

究竟是什麼

愛利克・
霍姆伯格・
艾瑞克森

Erik Homburger Erikson

1902 – 1994

美國心理學家、精神分析學家，「身分認同」概念的創始
人。他提出人需要面臨某些課題才能健康發展的「發展課
題」理論。艾瑞克森沒有任何學士學位，但仍歷任各大機
構的教授，成為世界聞名的學者。

有自卑感，那又何妨？

阿爾弗雷德·阿德勒

Alfred Adler

1870 - 1937

來自奧地利的精神科醫師、心理學家。他是佛洛伊德的研究同袍，自創個體心理學（阿德勒心理學）。阿德勒心理學將個人視為無法更進一步分割的存在，認為人是以自卑感為起點，透過努力，逐漸從負面走向正面的狀態。

勞倫斯·柯爾伯格

Lawrence Kohlberg

1927 - 1987

道德需要經過各個階段發展

美國心理學家。他深受皮亞傑的認知發展理論影響，著重人類的道德判斷，提出三種水準、各自包含兩個階段的道德發展理論。柯爾伯格曾與心理學家卡羅爾·吉利根（Carol Gilligan）展開對於道德理論的爭辯。

第7章
認識心理狀況

人只要活著，就不可能完全沒有心理問題吧？這一章要來談談保持心理健康的方法、應付壓力的訣竅，以及各種令人煩惱的心理疾病，並解說各種心理療法。幫助大家深入理解心理疾病，了解可以活用的治療選項，成功克服困難。

如何保持健康的心理

說明 本單元將解說美國精神科醫師、提出認知療法的亞倫‧貝克（Aaron Temkin Beck，參照P.304）的「認知扭曲」概念。

使用提示 貝克是研究與治療憂鬱症的先驅。憂鬱症患者大多都有下列的認知扭曲現象，各位不妨參考確認自己是否有這些適應不良的徵兆，重新審視自己的思考習慣。

亞倫‧貝克的「認知扭曲」

認知扭曲可能是造成心理疾病的原因。只要發覺並重視自己的心理習性，就能找到因應的方法。

非黑即白的思維

只會用成功或失敗的二分法來看待事情，容易將整體的失敗歸咎於過程中發生的一點小差錯。

演唱評分
5分

消一沉

唱得很不錯啊！

過度普遍化

會把小小的衰事擴大成嚴重的不幸。就算是偶然發生一、兩次的事，也會悲觀地想像之後發生的可能。

斷章取義

只截取特定的事物來強調。容易只注意到自我否定的部分，看不見自己的優點。

否定正面的意見

執著於對方的負面意見，即使被人稱讚也會習慣性起疑，認定「反正只是恭維話而已」。

結論跳躍

單方面推斷對方的想法，莫名相信自己能夠讀到對方的心思。

悲觀的預測

對未來有悲觀的想像，例如認為自己總有一天會被拋棄。即使遇上好事，也往往會以負面的角度解讀。

悲慘結局的思維

總是先設想最糟糕的發展，深深相信不幸會發生在自己身上。

縮小（擴大）式思維

把某件事想得太微不足道，或是想得太過誇張。習慣縮小對自己有益的事、擴大對自己有壞處的事。

情緒性定論

無視客觀事實，只憑自己的情緒來判斷。像是「氣死人！這都要怪對方太廢！」這類極端偏頗的想法。

妳是最棒的 ♥

反正你只是說說而已

啊～身體好差

每件事都好煩

應該式思維

毫無道理地認定人「應該」要怎麼樣。像是父母就應該這麼做、主管就應該那樣做，受限於這種思維框架中。

貼標籤

像是「反正我學歷很低」、「因為他很冷漠」這種因刻板印象導致思考扭曲的現象。

歸咎自己

將所有壞事都歸咎於自己的責任。儘管事情並非起因於自己，卻依舊會反省、自責。

你是否具備以上任何一種思考習性呢？相信每一種都說中了不少人的心聲吧。但請各位別擔心，只要注意別過分拘泥於這些思維，儘量養成適度轉換心情的習慣吧。

壓力與壓力源

說明 壓力是指有害的刺激對生物造成變化,引發壓力的外界刺激就稱作壓力源。

使用提示 壓力源共有四種。了解各種壓力源、做好對策,才能預防心理疾病。

四種壓力源

壓力源可分為炎熱、寒冷、噪音等物理性壓力源,藥物、有害物質等化學性壓力源,細菌、病毒等生物性壓力源,以及人際關係問題、貧困等精神上的壓力源。

物理性壓力源
指炎熱、寒冷、疼痛、工地等場所發出的噪音、光線、放射線等等。物理性的刺激都會成為壓力源。

化學性壓力源
指藥物、有毒的化學物質、酒精、食品添加物等。對眼睛、口腔等器官的刺激都會成為壓力源。

生物性壓力源
由於飢餓、身體不適、生病、懷孕等身體變化造成的不適或不悅,都會成為壓力源。

精神壓力源
由於不安、憤怒、焦躁、緊張等情緒造成的壓力源。人本來就很容易受到身體或環境變化的影響。

壓力源排名

最有名的壓力源排名，是美國社會生理學家霍姆斯（Thomas Holmes）所做的版本，另外還有日本版的排名。根據這份排名，日本人最大的壓力來源是「配偶死亡」，接著依序是「公司破產」、「親戚死亡」、「離婚」、「夫妻分居」。

根據夏目誠等人所發表的「勤勞者的壓力評量法」，婚姻的壓力指數為50，而配偶死亡的壓力則高達83。

八種紓解壓力的方法

美國心理學會提出八種效果最好的紓壓方法，分別是①體育運動、②參加教堂禮拜、③閱讀和聽音樂、④與家人或朋友共度時光、⑤按摩、⑥外出散步、⑦冥想或瑜伽、⑧進行創造性活動。

相對地，不建議的紓壓方法則包括喝酒、賭博、吸菸、購物、上網等行為。

冥想是現今廣受高度壓力的上班族矚目的紓壓方法。

「精靈寶可夢GO」遊戲可以促使玩者外出曬太陽，也算是一種憂鬱症對策。

第7章

壓力管理

說明 壓力管理是預防壓力的綜合性對策,方法會因如何看待壓力而異。本單元就來介紹因應(應對、減少)壓力的方法。

使用提示 能夠減少壓力的因應行為有兩種,可以依照壓力的種類分別運用,妥善與壓力打交道。

與壓力和平共處的技巧

心理學上的「因應」,意思是應對與克服問題,因此可以嘗試解決壓力,也可以偶爾逃避現實藉以減輕壓力。因應方法包含「情緒焦點因應」和「問題焦點因應」。情緒焦點因應是基於「現在無計可施」的想法,暫時置之不理,轉移對壓力源的關心;問題焦點因應則是直接妥善處理,力圖消除壓力源。

現在有很多人都會用「正念療法」來舒緩壓力。

因應
(應對、減少)

情緒焦點因應

若是因應方法進行得不順利,就會導致身心變調。

身心變調

問題焦點因應

認識心理狀況

防衛機制①

說明 防衛機制是指心靈受到壓力，也不會造成嚴重創傷的心理機制，這是由佛洛伊德提出的概念。

使用提示 了解心是如何保護心靈不受壓力刺激，學會妥善應付壓力。各位務必透過本單元好好掌握六種防衛機制。

｜常見的防衛機制

心理防衛機制有壓抑、合理化、昇華等多種表現，這裡介紹比較常見的幾種反應。防衛機制的目的是保護心靈，但解讀事情的方式未必符合事實。過度的防衛機制反而會引發心理疾病，需要多加小心。

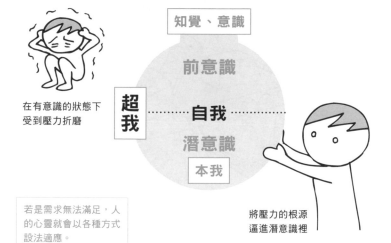

知覺、意識

前意識

超我 ⋯⋯⋯⋯ 自我 ⋯⋯⋯⋯

潛意識

本我

在有意識的狀態下受到壓力折磨

若是需求無法滿足，人的心靈就會以各種方式設法適應。

將壓力的根源逼進潛意識裡

第
7
章

防衛機制②

| 仿同

★ 對於理想對象的自我投射

　　像是把自己投射成愛慕的音樂歌手，模仿他的言行舉止，假裝自己也擁有這些渴望的能力或是達成相同的成就。仿同並不是指有意識的模仿，而是潛意識的行為。例如擁有學歷自卑情結的父母希望孩子能擁有高學歷，這也是一種將高學歷的孩子等同於自己的仿同心理。

認
識
心
理
狀
況

有意識的仿效是「模仿」，而無意識的仿效則是「仿同」。

| 補償

★ 透過轉移目標來彌補內心失落

像是膝下無子的夫妻對寵物百般疼愛一樣,當人無法達到某項目標時,就會藉由達成相似的目標來滿足最初的需求。

買不起自己真正想要的高級名牌服飾,就改買款式類似的快時尚服裝,這也是一種補償行為,滿足自己一部分的需求。

| 反作用形成

★ 採取違反真正心意的逃避行為

本性懦弱卻刻意虛張聲勢、過分巴結討人厭的主管,這些行為都屬於反作用形成。將自己難以接受的事實和不安埋進潛意識裡,採取截然相反的行動。

佛洛伊德是在治療強迫症患者時,發現反作用形成的現象。

當人類無法適應外界千變萬化的環境與事物時,很容易會因不適或落差而罹患心理疾病。因此我們為了保護自己的心,便會下意識地採取防衛機制的行動,讓心靈盡可能適應現狀。

第7章

認識心理狀況

防衛機制③

逃避

★ 藉幻想或生病以逃避現實

不想上班或上學的心情愈來愈強烈，結果卻發燒了——像這種為了逃離緊張和不安而導致身體產生變化的狀況，就是逃避的典型例子。家中蟄居的原因之一也是逃避現實。

你是否曾在「偏偏是這種時候」出現了身體不適的狀況呢？這可能就是潛意識的逃避行為。

有些人會在被工作逼得喘不過氣時突然看起徵才廣告，這也是標準的逃避行為。各位要記得，不需要每一次都正面迎接壓力，有時選擇適度逃離，也有助於穩定心靈。

我們有時會突然注意到那些原本不在意的事物，這也是潛意識造成的現象。

合理化

★ 尋找其他冠冕堂皇的理由解釋失敗

當負責業務沒有做出成果時，絲毫不反省自己的能力是否不足，而是一味責怪主管或是客戶，這就是合理化的典型行為。合理化雖然能夠讓自己心安理得，但是看在外人眼裡只會覺得是嘴硬不認輸。要是太常用合理化來安慰自己，最後就會失去別人的信任。

當人無法得到實在非常想得到的東西時，告訴自己「反正那也沒什麼大不了」的酸葡萄心態，也是種合理化行為。

主管又是白痴

執行時間太短了

我們實在處不來～

昇華

★ 過度的欲望投注在藝術或運動領域

像是將自己的暴力需求昇華成為拳擊運動、將失戀的悲傷寫成歌詞，把自己無法忍耐的需求或壓力轉化成藝術活動等社會大眾認同的行為。雖然無法證明真偽，但佛洛伊德認為強烈渴望看見母親性器的人，多半會把這股需求昇華為學術方面的研究；另外他也認為渴望玩弄排泄物的人，則大多把這股需求昇華成為藝術相關的活動。

別過度累積壓力和需求，要設法釋放。這樣才有助於讓「適應不良」變成「適應」。

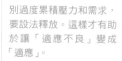

心理疾病

說明 最常見的心理疾病就是精神官能症和精神病。精神上的症狀會透過各種不同的元素交錯展現。

使用提示 了解自己或周遭人的心理疾病預防與應對的知識。

各式各樣的心理疾病

以下將簡單解說精神官能症的種類、疑病症、人格解體,以及屬於精神病範疇的思覺失調症與躁鬱症。了解疾病的症狀,才能從中獲得啟發,適應病症。

焦慮症

因為一股說不上來的恐懼而感到不安。

恐懼症

依恐懼對象,可分為懼高症、幽閉恐懼症、注視恐懼症、針頭恐懼症等。

歇斯底里

心理原因造成身體上的功能障礙。

神經衰弱

壓力折磨,導致失眠、疲勞。

抑鬱症

因為自卑或悲愴而造成睡眠障礙、動力減退。

強迫症

為了克制不安而不斷強迫自己做某種行為。

疑病症

以為自己得了病。

人格解體

不管做什麼都沒有感覺，對現實感到陌生。

思覺失調症

受到幻覺和妄想騷擾，導致對話和行為前後不一，或是身體做出極端異常的動作。

躁鬱症

定期出現憂鬱和狂躁的症狀。

  心理疾病也有國際通用的分類標準，在這些基準當中最廣為採用的指標，正是美國精神醫學會提出的《精神疾病診斷與統計手冊》（*Diagnostic and Statistical Manual of Mental Disorders*，DSM-5）。這項診斷標準的特徵是不看形成原因，而是依症狀來區分精神疾病。

  心理疾病的成因不會只有一個，而是由多種因素錯綜複雜地交纏而成，所以必須從各個不同的角度診斷和治療。

第
7
章

認
識
心
理
狀
況

焦慮症

說明 焦慮症是由過多壓力引發的障礙，可依症狀分為好幾種類型，像是廣泛性焦慮症、恐懼症等。

....

使用提示 有些性格特別容易罹患焦慮症，符合下列描述的人要更加小心與壓力共處。

....

內向又有強烈責任感的人要當心

常見的焦慮症有廣泛性焦慮症、特定的恐懼症、恐慌症。一般來說，性格內向的人特別容易發病，像是處事認真又過度反省瑣碎的過失，會因為不夠完美而產生壓力、過度講究，或是吹毛求疵的人，最好都要做好壓力對策（P.252）。

交貨日
優先！

釐清焦慮症和精神障礙的不同，妥善併用藥物療法和心理療法來治療。焦慮症與壓力息息相關，也是臨床心理師經常處理的心理疾病。

身心症

說明 除了焦慮症和憂鬱症等精神障礙導致的疾病以外,其他因心理、社會壓力所導致的身體病痛,都稱作身心症。

使用提示 有些人也特別容易罹患身心症,符合這些症狀的人要特別留意。

有述情障礙的人要當心

述情障礙是指不擅長識別自己的感情,還有無法果斷拒絕他人要求的人。有這個傾向的人,本身並沒有承受壓力的病識感,會在無意間過度努力,結果導致身體出現病痛。只要察覺自己有一點累了,最好立刻停下手邊的事,讓心靈和身體都充分休息。

建議尋求身心科,和專業醫師一同討論應對和治療的方法。

第
7
章

人格障礙

說明 儘管沒有明顯的精神障礙，但卻因為人格上有顯著的偏頗，導致人際關係發生障礙的疾病。

使用提示 患者通常缺乏病識感，因此處理起來往往非常棘手。周圍的人最好能對人格障礙有所理解，盡可能寬容地對待患者，避免將不必要的痛苦加諸給他們。每個人都有情緒，但過度表現就可能導致發病。

認識心理狀況

苦了自己，也苦了別人

德國心理學家施奈德，將人格障礙定義為「性格上的偏頗讓自己受苦，也讓別人受苦」。即使周圍的人發覺異常，但患者本身毫無病識感的案例也非常多。由於人格是經過長時間發展形成，即使要改變也絕非容易之事。

性格偏頗會表現在思維、行為不同於大眾等方面。

精神疾病

同樣屬於性格偏頗，有些人會被診斷成精神疾病，有些人則是被診斷成思覺失調症、精神官能症等精神障礙。

人格障礙

未被診斷為精神疾病的人，就會歸類為人格障礙患者，但界定的方式非常模糊。

DSM-5分類下的人格障礙類型

　　人格障礙可以分為以下三大群，並且可再更進一步細分。應對這些人格障礙者的共通方法，就是要以溫暖親切的精神來對待他們；至於治療方面，則是藥物療法搭配心理療法雙管齊下。

1. 有奇特的信念或習慣，易產生妄想

那傢伙感覺很可疑……

這類型包含毫無根據地懷疑別人，喜好孤獨、總是獨善其身，會做出脫序行為的「思覺失調型」。

2. 感情起伏劇烈，抗壓性很低

這類型包含自我中心、違反社會秩序的「反社會型」，感情起伏劇烈的「邊緣型」，渴望博取大眾關注的「戲劇化型」，只在乎自己的「自戀型」等多種人格障礙。

3. 對人際關係懷有強烈不安

妳覺得呢？

吶～吶～

這件事妳怎麼想的？

這類型包含害怕批評和對立的「畏懼型」，過度依賴別人的「依賴型」，受限於個人臆測的「強迫型」。

第7章

思覺失調症

說明 主要症狀為幻覺、妄想、動力低落等，可分為正性症狀與負性症狀。思覺失調症過去被視為絕症，但現在只要透過妥善的治療，便有機會可以回歸社會。

使用提示 了解思覺失調症的症狀和各種療法，克服社會適應不良的問題。重點在於周圍的人是否能包容患者最自然的模樣。

▎ 正性症狀

思覺失調症的症狀包羅萬象，可以大致分為正性與負性兩類。正性症狀是客觀的表現看起來有明顯異狀，例如患者會產生幻聽、幻覺、妄想，有一股彷彿被外力操控的感覺（被控制感）、受到外界命令（思考插入）、自己的思考被外力抽走的感覺（思考奪取），會做出特異的行為。

正性症狀

胡言亂語、行為特異、
情緒不穩定、幻聽、幻覺

被控制感

認識心理狀況

負性症狀

負性症狀的特徵是不易察覺異常，像是喪失喜怒哀樂的表情、變得冷淡無情、自閉蟄居。另外也可能會發生思考貧乏、沉默寡言等症狀。建議各位要對別人的情況多抱持警覺，及早因應。

負性症狀

面無表情

動力低落

沉默寡言

自閉蟄居

思考貧乏

情緒冷淡無起伏

患者會出現面無表情、自閉蟄居、動力減退、思考貧乏等症狀。

好發於15歲到30多歲之間

思覺失調症的病發原因，可能是受到腦部的神經傳導物質異常、遺傳、環境等因素影響，但目前尚未徹底釐清。而且治療需要很長的時間，以藥物療法為主，至於精神療法的目的是改善患者的人際關係。思覺失調症好發於15歲到30多歲的人，每一百人當中就會有一人發病，是非常貼近生活的心理疾病。由於現代醫學發達，治療方法也愈來愈多，因此可以根據個案狀況，選擇適合的療法、進行整合性治療。

· Knowledge

少數罹患思覺失調症的人，擁有出類拔萃的才華。可以考慮為他營造能充分發揮這項才華的環境。

憂鬱症

說明 抑鬱、注意力低落、食欲減退等狀態都稱作「憂鬱」，如果不是起因於身體疾病或是腦部疾病，就會診斷為憂鬱症。和憂鬱相反，情緒高昂的狀態則稱作「狂躁」，憂鬱和狂躁反覆出現的障礙，就稱作躁鬱症。

使用提示 「憂鬱」已經衍生成為社會問題。要了解精神上的症狀和身體上的症狀，做好因應措施。

┃憂鬱和血清素的關係

心情沮喪、沒來由的悲傷、缺乏食欲、失眠等狀態持續2週以上，就是「憂鬱」。睡眠障礙也是很常見的特徵之一。

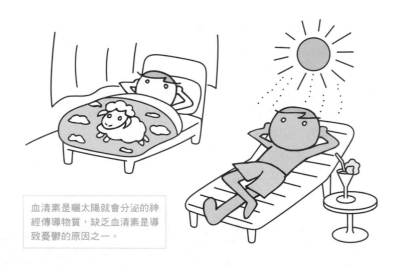

血清素是曬太陽就會分泌的神經傳導物質，缺乏血清素是導致憂鬱的原因之一。

┃ 什麼是躁鬱症

這是一種心理疾病，患者會反覆從行為活潑、感覺自己無所不能的狂躁狀態，陷入身體倦怠、情緒低落的憂鬱狀態。這種病多半會復發，但可以利用藥物療法（抗憂鬱藥或情緒調節藥）和精神療法來改善症狀。

狂躁

行為活潑，情緒高昂

什麼都
難不倒我！

情緒不停
反覆起伏

憂鬱

身體沉重，情緒低落

好想死
……

日本的躁鬱症病
發率為總人口的
0.1〜0.5%。

近年來，「面具憂鬱症」、「新型憂鬱症」等新型態的憂鬱症，儼然已經發展成社會問題（但是也有人主張上述新型態不是憂鬱症）。現在，憂鬱症確診人數愈來愈多，甚至到了可以說「憂鬱是心靈感冒」的程度。若要改善憂鬱的狀態，精力、體力的恢復都很重要。幫助患者轉換心情、激發新的行動也很有效。不過，千萬不能對他們說「加油」，只要溫柔地在背後推動他們就好了。

各種恐懼症

說明 這是指對於特殊對象或狀況過度恐懼，雖然知道自己害怕、卻無法迴避的狀態。

使用提示 每個人都有害怕的事物，但是恐懼過度卻會對社會生活造成障礙。深入理解恐懼症的原因，做好預防或應對。

▍單一恐懼——害怕特定的事物

單一恐懼又稱作局限性恐懼症，恐懼的對象有非常多種，像是高處、雷聲、水等自然環境型，也有蜘蛛、蛇等動物型，針筒、傷口等血液型，以及密閉空間、飛機等狀況型。

懼高症　　　　　　幽閉恐懼症

能夠有效治療恐懼症的心理療法包含了行為療法、暴露療法、系統脫敏法。

社會恐懼症、對人恐懼症——造成人際關係障礙

當眾講話、向初次見面的人打招呼，無論是誰都會感到緊張，但要是緊張過頭，就會發展成恐懼症。

臉紅恐懼症

臉紅恐懼症是指在外人面前會臉紅、耳朵紅，在意自己是不是被人嘲笑。

異味恐懼症

異味恐懼症是指擔心自己的體味、口臭太強會惹人厭 （但其實異味並不強烈）。

廣場恐懼症——使人害怕外出

這不是指害怕廣場，而是獨自外出、搭捷運或公車時會感到害怕的狀況。有些人甚至會因此恐慌起來，由於害怕恐慌發作，而變得更不敢外出。

患者本身也對此束手無策，所以身旁的人需要多多陪伴，幫助他們逐漸消除內心的不安。

第7章

認識心理狀況

PTSD
(創傷後壓力症候群)

說明 全名為「Post-traumatic stress disorder」,是指心理創傷所引發的障礙。如果造成創傷的事件過了一個月以上症狀依然持續,就是PTSD;若是一個月以內即消失,則稱作ASD(Autism spectrum disorders,自閉症譜系障礙)。

使用提示 經歷過災難、事故、霸凌的人,發病案例與日俱增。最好仔細了解症狀,做好對策。

恐懼會令人瞬間重歷其境

近年來地震及其他天然災害事件頻傳,導致許多人都飽受PTSD之苦。痛苦的體驗會隨著記憶一同復甦,身體為了保護心靈,就會持續出現反應麻木、無法入睡等症狀。

災難

交通事故

霸凌

PTSD可以透過藥物療法和心理輔導來治療。通常會讓患者服用抗憂鬱藥和抗焦慮劑,同時進行認知行為療法。

ADHD
（注意力不足過動症）

說明 上課時無法好好待在座位上（過動）、不聽老師說話（難以專注）、會做出突發性行為（衝動），只要符合以上其中之一或涵蓋所有描述，就是罹患注意力不足過動症。

使用提示 ADHD 很有可能會進一步導致學習障礙、霸凌、拒絕上學等適應不良的二次障礙，必須及早做好適當處置。

成因依然不明

ADHD 可能起因於腦部障礙、遺傳、過敏等各種因素，但目前真正的原因尚未釐清，有些兒童患者的症狀會在長大後穩定下來。雖然可以求助專業醫師進行藥物治療，但也需要用心準備適當的教育方法，像是安排適合讀書學習的環境、避免過度責罵患者等。

ADHD 的特徵是男童的發病率非常高。

第7章

LD
（學習障礙）

說明 學習障礙是指智力發展在正常範圍內，但是書寫、閱讀、聆聽、計算等某種特定能力出現困難的障礙。

使用提示 學習障礙多半是直到孩童上小學以後才會發現，且男童的發病率將近是女童的4倍。必須及早發現並輔導。

認識心理狀況

不可輕易認定孩子只是不夠用功

患者會出現看得懂文字卻寫不出來、讀得懂文章卻聽不懂別人說話之類的障礙，但原因不明。如果父母或老師忽略這些障礙，最後就會變成只歸因於孩子不夠用功學習。

可以幫孩子做智力測驗，或是讓他從日常瑣事中獲得小小的成就感，藉此改善症狀。

自閉症

說明 自閉症是指幼兒在感覺、言語、行為上出現特定症狀的障礙。這不是心理問題，而是起因於腦部功能障礙。

使用提示 自閉症很難根治，只能及早輔導並幫助孩童發展。必須為自閉症患者營造能活得更舒適的環境。

約100人當中就有1人是患者

　　自閉症會因為多種遺傳性因素影響而導致發病。包含輕症者在內，大約每100人就有1人是自閉症。患者往往會出現人際關係障礙、思想表達障礙，興趣有顯著偏頗的現象，會經常做出搖晃身體的動作。

視線不會
看向對方

只會重複
別人的話

○○你早啊

○○你早啊

> 發展障礙並不是父母或是孩子本身的問題。
> 不妨樂觀一點，為孩子安排更容易生活的環境，或是藉藥物治療來幫助發展。

進食障礙——
厭食症、暴食症

說明 進食障礙可以分為認為自己太胖而幾乎不吃東西的厭食症，以及無法停止進食的暴食症。

使用提示 患者本身通常沒有病識感，所以要先讓本人知道這是一種疾病，另外也需要家人的協助。

好發於年輕女性，也有少數男性發病

　　厭食症是指患者本身不認為自己已經很瘦，享受繼續瘦下去的快感。另一方面，也需要對苗條就是美的社會風氣保留態度。暴食症則多半起因於壓力、環境的變化，一旦開始進食就沒完沒了，即使在飯後嘔吐也依舊無法停止進食衝動。兩者都可以用認知行為療法改善症狀。

厭食症　　　暴食症

不只是女性，也有男性發病的案例。

性方面的障礙—— 性功能、性別認同

說明 「性功能障礙」表現在男性身上是「勃起功能障礙」，女性則是性慾淡薄、對性交適應不良；「性別認同障礙」則是對自己與生俱來的性別感到苦惱。

使用提示 性方面的煩惱很難找別人傾訴，不過當事人還是可以深入理解，透過各種地方自治團體、治療方法來解決。

邁向包容多元化的社會

「LGBT」是女同性戀者、男同性戀者、雙性戀者與跨性別者（生理與心理性別不一致）的總稱。無論是性功能還是性別認同障礙，都可以透過心理學的觀點深入研究並加以應用，幫助當事人適應社會。性功能障礙可以運用身體疾病的治療、行為療法和心理療法；性別認同障礙則可以運用心理療法、荷爾蒙療法、手術等療法。

日本現在可依據「性別認同障礙特殊條例」，只要符合一定條件並接受變性手術，就可以向公家機關辦理性別變更。

第
7
章

亞斯伯格症候群

說明 亞斯伯格症候群和自閉症非常相似，如果患者沒有出現言語和記憶發展遲緩的症狀，就會被診斷為亞斯伯格症候群。又可稱作自閉症譜系障礙。特徵是會出現人際關係障礙，興趣以及活動都侷限於特定領域。

使用提示 透過行為療法，有助於解決人際關係的問題。

沒有年齡的發展遲緩，但興趣非常有限

亞斯伯格症候群好發於男童身上，特徵是患者的智力高於平均值，但溝通能力欠佳。這種人很容易成為霸凌的對象或遭遇其他困境，必須多加留意。

患者聽不懂玩笑、無法與他人共鳴，所以很難交到朋友，有受到周圍孤立的傾向。

患者會對特定事物產生異常執著的興趣，所以很多藝術家、歌手都有亞斯伯格症候群。為他們安排一個可以發揮才能的環境，有助於改善。

認識心理狀況

兒童的心理疾病

說明 小孩不像大人可以明確意識到自己的精神狀態，所以他們的異常往往會透過行為來表現，這些行為的背後暗示他們對社會適應不良。

使用提示 兒童的心理疾病通常會以違背他自身想法的形式表現出來。可以透過肯定、稱讚來消除孩童的罪惡感，幫他建立自信。

抽動和口吃，會隨著長大而消失嗎？

當小孩產生心理壓力時，就會對別人施暴或做出其他反社會行為，以及動力減退等非社會性行為，也會出現抽動、口吃、遺尿或遺糞等神經性習慣。

認識心理狀況

抽動

抽動是指眨眼、身體搖晃等肌肉收縮的動作，在飽受壓力時特別容易出現。

口吃

我、我、我是

口吃是指說話時言語不斷停頓、語塞的症狀。

遺尿、遺糞

啊

遺尿和遺糞是指意志無法控制的排泄行為。

> 這些症狀通常會隨著成長而治癒，但仍有例外。

逃學

說明 這是指孩子不去上學、拒絕上學的狀態。現在日本逃學的人數，小學生已經高達26,000人，中學生則有97,000人（2014年文科省調查）。

使用提示 應對方式必須依照孩子的步調來審慎考慮，像是以開始願意去上學為目標，或是以畢業出社會為目標等。

逃學的類型

逃學可分成許多種類型。低年級的小學生多半是屬於無法離開母親的類型，另外還有因學習程度跟不上大家而自卑的類型、遭受霸凌或其他人際關係問題的類型等。由於孩子通常不會主動提起自己的煩惱，所以最重要的是從孩子的日常表現中察覺。

逃學的孩子會在上學時間過了以後才起床，度過活力充沛的一天；或是直到放學時間都躲在家裡，等時間到了才會活潑地跑出去玩。

蟄居

Chapter 7 — 認識心理狀況

說明 蟄居的定義是不去工作或上學，幾乎不與家人以外的人交流，而且閉門在家長達半年以上。

使用提示 成人蟄居也演變成社會問題。建議當事人或周遭親友向地方或民間的輔導機構諮詢，尋求第三方的協助。

▍部分個案會愈拖愈惡化

　　蟄居的原因通常是由霸凌、家庭關係、精神疾患等各種因素交織而成。有些案例會隨著時間逐漸解決，但也有人反而拖得愈久愈不願出門，或是因學習遲緩導致錯失出社會的時機，最好儘快尋求專家的協助。

解決蟄居問題不只是當事人自己的責任，所有家人也都必須配合協助治療（參照 P. 295）。

霸凌

說明 霸凌是指被害者在心理或物理上，受到有一定人際關係的特定人士攻擊，精神上感到痛苦的現象。

使用提示 霸凌可分為加害者因欲求不滿或內心糾葛，向某個人發洩的行為，以及無法控制自己原本的情緒而尋找抒發出口的行為。

急速增長的網路霸凌

科技日漸發達，霸凌的方法也隨之改變。現今社會最嚴重的就是「網路霸凌」事件，像是在網路討論區上散播誹謗中傷的言論，或是社群媒體的團體霸凌事件，如今也愈來愈常見了。

應該從什麼時候開始讓孩子擁有手機呢？在這之前必須思考如何教育孩子社交、判斷的能力。

家內暴力與兒童虐待

說明 本單元將解說父母對兒女，或是兒女對父母、兄弟、祖父母施暴的家內暴力，以及放棄撫養或放棄監護的兒童虐待行為。

使用提示 家庭暴力主要起因於親子關係，但也有部分案例是起因於精神障礙，必須及早尋求專業機構的協助。

虐待的連鎖效應

有些從小遭受家暴（參照P.233）的孩子，在為人父母以後也一樣會對自己的孩子施暴。如果要切斷這種負面的連鎖效應，就是避免「獨力撫養孩子」。借助家人、熟人、地方機構的力量，可以減輕育兒的不安，進而減少家內暴力、兒童虐待的問題。

孩子的家內暴力傾向會從10歲開始增長，16、7歲達到顛峰。有些孩子會因為無法滿足父母高度的期待而變得暴躁易怒，所以父母必須重新思考對待孩子的方式。

兒童虐待不只有身體上的虐待、性虐待、心理虐待，還有放棄撫養、育兒怠慢、放棄監護等忽視問題。需要周遭的人仔細觀察，及早發現。

各種心理療法

說明 接受長期專業訓練的心理治療師和諮商師，可以幫助患者（案主）改善心理疾病、改變人格。治療方法大致可以分為精神分析心理療法、個人中心治療，以及認知行為療法這三種系統。

使用提示 所有療法的共通點就是解決心理問題。

精神分析心理療法

這是以佛洛伊德提出的精神分析理論為基礎的心理療法。諮商師為了解決心理問題，會請案主注意自己的潛意識，了解自我、本我、超我的關係，藉此改善症狀。

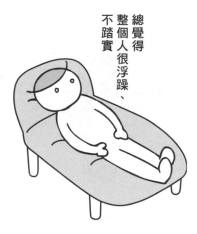

請你想到什麼就直接說出來

總覺得整個人很浮躁、不踏實

諮商師會背對案主坐著，以一定的距離不斷提出問題，深入理解其社會適應不良的原因。

個人中心治療

這是由心理學家羅傑斯（參照P.306）發明的療法。此方法並非由諮商師主導療程，而是以案主（來談者）為中心逐步輔導。諮商師會在過程中引出案主的潛在能力，無條件肯定他說的話。

什麼都無所謂？

我已經什麼都無所謂了……

個人中心治療法重視傾聽、共鳴、信賴，但很難運用在言語能力不足和缺乏社會經驗的孩童身上。

認知行為療法

這是由醫學專家兼精神科醫師貝克提出的療法，以修正扭曲的認知和改變實際行為為主，搭配行為療法一同解決問題。諮商師不會無條件肯定案主的話，而是設法引導他改變思維。

我這種人根本沒有生存的價值

在你有這種感覺以前發生了什麼事呢？

如果諮商師和案主個性相投，這種療法可以短期見效。又稱作主動性療法。

•••••••••••••••••• Knowledge

心理療法有很多種類，可以說有多少諮商師就有多少手法。建議不妨尋求第二位諮商師的意見，配合各個治療方法，進行整合性治療（參照P.299）。

精神分析式
心理療法

說明 這個心理療法是當一個人的自我、本我、超我處於失衡狀態時，便視為罹患心理疾病，同時藉由研究人的潛意識來尋求解決之道。這是由佛洛伊德發明的方法，旨在解放壓抑的需求和糾葛。

使用提示 所有心理療法當中歷史最悠久的方法。

整理自我、本我、超我的關係

　　佛洛伊德認為，自我是負責讓自己適應現實的協調者；本我是追求快感的人所具備的動物本能；超我則是具有倫理觀和良心的道德存在。當人在這三者拉鋸的過程中崩潰，就會罹患心理疾病。精神分析心理療法就是在本我或超我的壓力下，幫案主逐漸找回真正的自我。

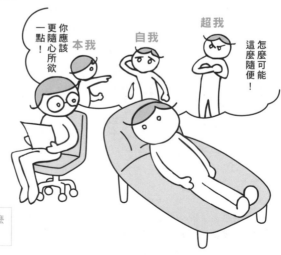

讓案主想說什麼
就說什麼。

解決問題的線索

　　在進行精神分析心理療法的過程中，案主可能會對諮商師產生與「某人」一樣的特殊感情，這就叫作轉移。比方說，案主有個疼愛自己的父親，並將這份情感投射到諮商師身上，這是正向轉移；如果他厭惡父親並投射到諮商師身上，那就是負向轉移。這個現象能夠帶給諮商師很大的啟發，找出解決心理疾病的線索。

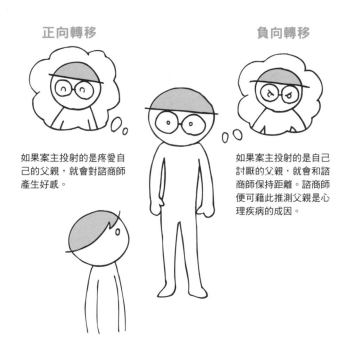

正向轉移

如果案主投射的是疼愛自己的父親，就會對諮商師產生好感。

負向轉移

如果案主投射的是自己討厭的父親，就會和諮商師保持距離。諮商師便可藉此推測父親是心理疾病的成因。

･･･ Knowledge

讓案主想說什麼就說什麼，以便透露出對方潛意識裡的想法。這個手法就叫作「自由聯想法」。

第
7
章

個人中心治療

> 說明 這是由心理學家羅傑斯提出的心理療法。這個方法主張只有案主本身才能解決自己的心理問題，目的是讓患者達到理想的自己與現實的自己合一。重點在於「投契關係」。

> 使用提示 諮商師會逐漸引出案主最真實的自己，讓他發現自己原本的模樣，藉此克服心理疾病。

認識心理狀況

自我不一致將導致適應不良

　　每個人都有理想的自我形象，但這個形象難免會與現實的自己產生落差，這個落差就是導致心理失衡的原因之一。當一個人覺得「我應該要多肯定自己一點，現在的我到底在幹什麼……」，無法接受自己的現狀時，就會感到適應不良。

理想的自己

好厲害!!

大師!!

現實的自己

假設理想中的自己是「芥川賞得獎作家」，而現實中的自己是「名不見經傳的作家」，這個落差很有可能成為心理問題的成因。

如何建立投契關係

個人中心治療是針對案主展開心理諮商，聆聽他說話。為了引出案主本身具備的自癒能力，諮商師必須對他「無條件正向看重」，並表現出「同理心」與「一致性」的態度。只要諮商師和案主建立起投契關係（rapport），治療過程就會非常順利。

無條件正向看重
尊重案主也是一個正常人類，接受他所表達出來的一切落差和價值觀。

同理心
站在案主的角度理解他的體驗。不是寄予同情，而是要與之產生共鳴。

一致性
以諮商師的立場表明自己的想法，展現出表裡一致的態度。

認知行為療法

說明 認知行為療法是由貝克開發的認知療法，與史金納開發的行為療法結合而成。目的是矯正案主扭曲的認知或思考習慣，進而改變行為。

使用提示 認知行為療法研發出多種療程，可以依照案主的症狀分別運用。

否定、改變對方的主動性療法

你是否曾經在遭遇失敗時，悲觀地認為「不行了，完蛋了」呢？這件事真的嚴重到堪稱世界末日的程度嗎？認知行為療法不同於其他療法，並不是以認同案主思想的傾聽為基本，而是由諮商師積極提出意見，逐漸矯正案主的認知扭曲。如果諮商師和案主的個性相投，這個療法短期內就能見效。

假設案主固執地認定「身為隊長就不能輕易失敗」，那麼最重要的一步就是改變他的想法，讓他開始相信「隊長也是人，只要是人都會有失敗的時候」。

1. **非～不可**
   Ex：非成功不可、非合格不可。
2. **悲觀**
   Ex：已經沒辦法了、世界末日要來了。
3. **自責、自卑**
   Ex：我是個廢物、我沒有活著的資格。
4. **難以忍受欲求不滿**
   Ex：我受不了了、絕對不能原諒。

治療認知扭曲

你的思考是否曾經受限於以上的既定觀念呢？因為認知扭曲導致心理疾病的人，往往都有思考僵化的傾向，所以需要為他仔細且邏輯清晰地說明，逐步矯正扭曲的觀念。

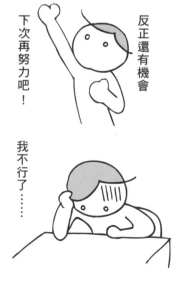

反正還有機會

下次再努力吧！

我不行了……

就算失敗也沒關係？真的是這樣嗎？

假使你有個同事因為無法與客戶簽約而苦惱，你可以試著給他一些認知行為療法相關的建議。

第7章

心理諮商

說明 心理諮商就是諮詢商量的意思。心理療法是以罹患心理疾病的人為對象;心理諮商則主要是以過著健康社會生活的人為對象,也就是「談天療法」。

使用提示 如果有煩惱,千萬別猶豫,立刻找人商量。很多設施都有諮商輔導師提供諮詢服務,不妨搜尋看看。

認識心理狀況

即使沒有心理疾病也能多多活用

　　許多人一聽到心理諮商,往往誤以為這是罹患嚴重心理疾病的人才需要做的事。不過心理諮商師的工作,就是陪你聊聊人際關係、對未來的徬徨,再小的煩惱都能聽你傾訴。小煩惱置之不理,就會發展成重大的心理疾病,最好及早尋求諮詢。

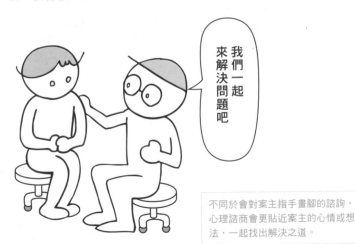

我們一起來解決問題吧

不同於會對案主指手畫腳的諮詢,心理諮商會更貼近案主的心情或想法,一起找出解決之道。

提供心理諮商的機構

　　現在不分醫療、教育、福利、司法、工商業，各種機構都有心理諮商師。煩惱不應自己獨自承受，隨時都能向專家尋求協助。

在醫院面談

醫院都有具備臨床心理師資格的心理諮商師。臨床心理師是研究心理的專家，還可以與醫師共同合作進行心理療法。

在企業面談

有些公司裡也有工商心理諮商師常駐，關懷員工的心理健康、提供職業方面的建議。部分民間機構也會有諮商師，如果你的生活中沒有諮商管道，也可以尋求民間機構。

在學校面談

學校裡都有輔導老師或教育諮商師，可以找他們商量解決逃學、霸凌、未來展望等問題。

　　除此之外，在日本還能透過許多機構，尋求精神保健福利師、音樂治療師、行為治療師等擁有資格證照的心理專家的協助。

....•• Knowledge

對人發牢騷可以讓自己的心情更加舒坦，這在心理學領域中稱為「淨化作用」（catharsis）。心理諮商師的目的就是幫人淨化心靈。

自律訓練

說明 這是一種催眠療法，利用訓練有素的自我暗示來舒緩身心的緊張、讓自己放鬆，達到控制身心的效果。

使用提示 這是人人都能用的方法，各位想在家裡放鬆時可以試試看。但是有心肌梗塞、使用呼吸器的重症患者不適用，要小心。

舒緩身心緊張，改善症狀

自律訓練是由德國精神醫學家約翰・舒爾茲（Johannes Heinrich Schultz）提出的方法，他主張催眠狀態可以達到治療身心的效果。自律訓練是以右頁的六個「公式」構成，要按照順序默念進行。

自律訓練的標準作法是先坐著或躺在沙發或椅子上，脫掉皮帶和手表等配件，讓自己更容易放鬆（如果是待久了就能安心的地方，站著也能做）。接著，不停在內心默念「我現在的心情非常穩定」。

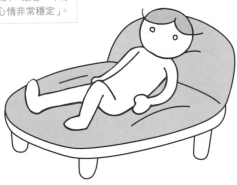

▎六道公式

在內心反覆默念事先想好的話，然後按階段逐步練習公式。練習愈多，就愈能掌控自己的身心。

公式 1
（重感練習）

在內心默念「右手好沉重」，感受右手的重量。再施行於左手與雙腿。

公式 2
（溫感練習）

在內心默念「右手好溫暖」，感受右手的溫度。再同樣施行於左手與雙腿。

公式 3
（心臟調整）

在內心默念並感受「心臟正穩定、規律地跳動」。

公式 4
（呼吸調整）

在內心默念並感受「呼吸變輕鬆了」。

公式 5
（腹部溫感練習）

在內心默念並感受「肚子好溫暖」。

公式 6
（額涼感練習）

在內心默念並感受「額頭好涼」。

　　最後再伸展手腳，大大地深呼吸並睜開眼睛。自律訓練可以讓副交感神經處於優位，舒緩緊繃的身心。長期下來，有助於改善精神官能症和身心症。

第7章

認識心理狀況

意象療法

說明 這個療法是在引發恐懼或緊張的場面下,在腦海裡反覆想像自己理想中的行為和情緒,藉以舒緩恐懼或緊張。

使用提示 這個方法不只能克服心理疾病,上台報告時容易緊張的人也能好好活用。

透過意象提高治癒力

就像運動員的心像訓練一樣,無法進行實質的排練時,可以想像排練的場面、為自己植入成功的意象。如此一來,應該可以有效舒緩不安和緊張。此外,健康的意象也能提高治癒力,例如西蒙頓療法便是從意象療法發展出「想像白血球殺死癌細胞」的想像療法。

模擬場面或流程,為自己植入成功的意象。

家族療法

說明 這個療法認為問題的成因不只在於引發問題的當事人，而是家庭體系本身不健全，需要治療家族全體成員。

使用提示 家庭裡只要有一個人心理不健康，就會傳播給其他人。這種思維和療法可以有效解決蟄居與家內暴力的問題。

由心理諮商師打開封閉家庭的窗

假設有對父母正在煩惱孩子蟄居在家的問題，在這種狀況下，心理諮商師不會只與引發問題的孩子交談，也會與母親、父親以及孩子身邊的人面談，找出問題的本質，深入探索父母失和、父母過分的期望，或是家人漠不關心、手足關係等狀況。

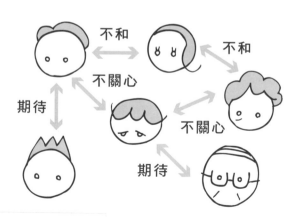

給家人添麻煩、被家人添麻煩，有些家庭就是以這種方式建立關係，這就叫作家庭依賴症。

第7章

藝術療法

說明 這是善用繪畫、音樂、陶藝等活動來治癒心靈的手法。

使用提示 建議用藝術療法來審視自己的內在，並搭配心理諮商等與人交談的療法。

認識心理狀況

展露內在可以產生淨化的效果

目前已證實將內在情感表現出來可達到淨化的目的，因此藝術具有療癒心靈的效果。不少患者都會在治療的過程中作畫，可見這是非常有效的治療方法。榮格也認為在心理不安的時候，可以凝視自己的內在並透過繪畫表現。除了繪畫以外，還有其他形形色色的表現手法。

只要將言語無法傳達的情感宣洩出來，就能產生效果。

精神科藥物治療

說明 使用藥物治療心理疾病的方法。

使用提示 藥物治療搭配心理療法，能夠得到更好的療效。建議同時尋求醫師和心理諮商師雙方的協助。

了解各種症狀的合適藥物

精神科藥物療法使用的「精神藥物」可分成許多不同的種類，與醫師討論後使用，有助於緩解症狀。若能同時解決心理與外部環境的問題，便可以達到根本上的治療和改善。

精神藥物
消除妄想、幻覺
（思覺失調症、憂鬱症）

抗憂鬱藥
改善抑鬱的情緒
（憂鬱症等）

抗焦慮劑
消除不安、緊張
（精神官能症、身心症）

安眠藥
引發並維持睡眠
（憂鬱症、失眠等）

抗憂鬱藥
穩定狂躁的狀態
（躁鬱症、身心症等）

興奮劑
提高精神功能和活動力
（嗜睡症、ADHD）

第
7
章

催眠療法

說明 催眠療法起源於德國醫師梅斯梅爾（參照P.307），是一種對佛洛伊德影響深遠的心理療法，將催眠療法的言語活用於治療當中。

使用提示 催眠療法是藉由研究潛意識的創傷或內心的憂慮，找出患者藏在內心深處適應不良的原因，再加以調整。

▌ 讓病患進入放鬆狀態，專注於潛意識

催眠療法與催眠術不同，是讓人在有意識的狀態下放鬆，透過專注於某個特定感覺的體驗，深入自己潛意識裡的童年體驗或壓抑的自我。這並不是玄學，而是獲得正式認可的一種心理療法。

認識心理狀況

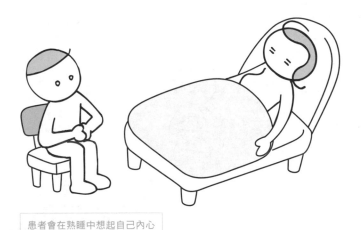

患者會在熟睡中想起自己內心
壓抑的情感。

整合心理治療

說明 整合心理治療是用精神分析、認知行為療法等心理療法，搭配醫學的藥物療法，來處理心理疾病和適應不良的問題。

使用提示 心理問題因人而異，應對方法也是因人而異。各位在處理心理問題時，可以先了解前面所介紹過的各種療法的好處，以及不適用的原因。

選用適合患者症狀和個性的組合療法

如果是比較輕微的抑鬱狀態，透過心理諮商或日常可以實行的心理療法，應該可以減少心理負擔。但是，如果是腦部功能異常引發的思覺失調症或其他障礙，就必須採用藥物療法搭配心理療法。建議多學習相關的知識，增加治療的選項。

認識心理狀況

就算一種療法無效，還是可以嘗試其他療法。因此最好要徵詢第二意見。

第7章

認識心理狀況

團體心理治療

說明 團體心理治療是讓有心理疾病或障礙的人聚在一起,接受心理治療的方法。常用於治療各種成癮症。

使用提示 由於現場的患者都有相同的煩惱,所以在治療過程中可以得到穩定心靈的加乘效果。醫療機構和民間團體都會使用這個方法。

不要自己獨自煩惱

團體心理治療的特徵,是有相同煩惱的人聚在一起,分享自己的想法和解決之道,對彼此產生正向作用。透過自我開示、將自己的痛苦告訴大家,也可以達到「淨化作用」。現在有各種自助團體會協助擁有成癮症或其他課題的人,需要的話不妨找看看。

孤立並不是好事。為了讓自己變得更好,與周圍保持關係是非常重要的。

我總是忍不住喝酒來紓發工作壓力……

嗯嗯我們懂……

森田療法

說明 這是由日本醫學家森田正馬（參照P.305）研發，專門治療精神官能症的心理療法。如今已廣泛用於各種心理疾病。

使用提示 森田療法又分為住院式治療和門診式治療。這個日本獨創的療法，背後也隱含日本特有的「保持現狀」哲學思想。

關鍵字是「保持現狀」

森田療法的特徵就是肯定自己，告訴自己「接受現實，保持現狀就好」，是一種能讓患者察覺「暫且先不管煩惱的理由或原因，最重要的還是生活、工作、活動」的療法。

1. 絕對臥床期
在單人房裡躺著度過一整天。起初會受到不安折磨，但撐過以後就會開始萌生活動欲，這將成為支持患者繼續治療的能量。

2. 輕工作期
外出接觸外界。患者在這個階段寫日記或是與人交談，逐漸表達出自己內心的糾葛。

3. 重工作期
更積極從事園藝、烹飪等活動。這個階段會讓患者透過工作漸漸得到成就感。

4. 日常生活訓練期
患者開始在外過夜，準備回歸社會。

第
7
章

內觀療法

說明 這是將淨土宗僧侶吉本伊信（參照 P.305）創始的內觀法，應用於醫療和臨床心理的療法。藉由重新審視自己，達到治療的效果。

使用提示「回顧」可以得到心靈的安定。不只是有心理疾病的人，一般人如果也能將內觀療法融入日常生活中，便能隨時整理自己的心。

認識心理狀況

專心回顧，加深對他人和自我的理解

內觀療法是指專心回顧自己和父母、手足、身邊的人，想著「對方如何照顧自己」、「對方給自己的回饋」、「自己給對方添的麻煩」，加深對別人的理解和信任，以及對自己的理解，讓適應不良的心靈回歸適應的狀態。內觀療法又可分為住在醫院等設施內進行的「集中內觀」，和日常生活中獨自進行的「日常內觀」。

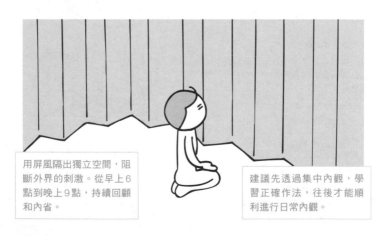

用屏風隔出獨立空間，阻斷外界的刺激。從早上6點到晚上9點，持續回顧和內省。

建議先透過集中內觀，學習正確作法，往後才能順利進行日常內觀。

懷舊療法

說明 這是由美國精神科醫師羅伯特・巴特勒（Robert Butler）提出的方法，有助於預防和緩解失智症。

使用提示 談論過往可以改善認知功能。最好多多回想自己過去的事，並傾聽別人提起的陳年往事。

回想與談論是失智症的緩解之道

懷舊療法的優點，就是在家也能輕鬆做到。可以讓患者藉由瀏覽照片來談論兒時的回憶，或是陪他一起看當年的老電影。最重要的是透過回想和談論，重新發現人生價值觀，這就是失智症的緩解之道，也有助於改善憂鬱症。實際上，懷舊的效果也經過日本國立長壽醫療研究中心的證實，確實有助於改善認知功能。

在前面記憶的章節也提過，短期記憶會隨著年齡的增長而衰退，但長期記憶依舊存在於大腦裡。

戰爭真的
很可怕喔～

真的喔……

矯正認知扭曲、改善症狀

亞倫・貝克

Aaron Temkin Beck

1921 –

美國精神科醫師。他奠定了認知行為療法的理論基礎，同時也是憂鬱症認知療法的創始人，其理論廣泛應用於治療憂鬱症。另外，他還開發了貝克抑鬱量表（BDI）、貝克絕望量表（BHS）、貝克焦慮量表（BAI）等多種量表。

只要改變接受的方式，心理的反應也會改變

阿爾伯特・艾利斯

Albert Ellis

1913 – 2007

美國臨床心理學家。他隨著貝克創立的認知療法理論，奠定了以認知為中心的認知行為療法基礎。艾利斯也是論理治療法（現名為論理情緒行為治療法）的創始人。

研發日本獨創的心理療法

森田正馬
Morita Masatake
1874 – 1938

日本精神科醫師。他將過去慣稱為神經衰弱的精神官能症改稱為「神經質」，視為氣質方面的問題，並創立治療神經質的森田療法。他主張病（神經質）＝素質（疑病性基調）×機會×病因（精神交互作用）。

從身調心走向內觀

吉本伊信
Yoshimoto Ishin
1916 - 1988

曾為企業家的淨土真宗木邊派僧侶。他將淨土真宗的宗教團體諦觀庵傳承的「身調心」修養法，發展成一般人也通用的內觀療法（內觀）。另外，他也以教誨師的身分活動，將內觀療法作為更具效用的更生方法，推廣至全日本的更生設施。

卡爾·羅傑斯

Carl Ransom Rogers

1902 – 1987

將治療主體從諮商師移向案主本身

美國臨床心理學家，現在普遍使用的心理諮商方法「個人中心治療」的創始人。這個方法起初稱作「非指導式療法」，後來才改稱為個人中心療法，配合以案主（患者）為中心的方針，更加重視諮商師的態度。

幸福的關鍵在於正向

馬丁·賽里格曼

Martin Seligman

1942 –

美國心理學家。他透過操作制約進行一項動物實驗，提出習得性失助理論。後來，他開始專攻研究可以獲得幸福的正向經驗，創立了正向心理學。

透過環境的變化處理壓力

理查·拉薩魯斯
Richard Lazarus
1922 – 2002

美國心理學家。他著眼於心理學所謂的壓力，從人類與環境的互動論發展出壓力理論。他以情感認知媒介理論聞名，其中最著名的是壓力因應理論。著有《心理壓力與因應歷程》（*Psychological Stress and the Coping Process*）等書。

催眠術一詞的詞源

弗朗茨·安東·梅斯梅爾
Franz Anton Mesmer
1734 - 1815

德國醫師。他受到牛頓力學的影響，主張人體也有潮汐變化，並命名為動物磁性。動物磁性理論又稱作催眠術（mesmerism），而梅斯梅爾的名字正是英文中「催眠」（mesmerize）一詞的詞源。

参考文献

『面白いほどよくわかる心理学』保坂隆・監修（日本文芸社）

『面白いほどよくわかる心理学のすべて』浜村良久・監修（日本文芸社）

『面白いほどよくわかる！ 他人の心理学』渋谷昌三・著（西東社）

『ゲーム理論の思考法』川西諭・著（KADOKAWA/ 中経出版）

『「心」の専門家になる！ 臨床心理学のはなし』山本和郎・著（ナツメ社）

『サブリミナル・マインド』下條信輔・著（中央公論社）

『自分がわかる心理テスト』芦原睦・著／桂戴作・監修（講談社）

『心理学辞典』中島義明他・編（有斐閣）

『心理学辞典』下山晴彦他・編（誠信書房）

『図解　ヒトのココロがわかるフロイトの話』山竹伸二・監修（日本
　　文芸社）

『図解　臨床心理学』稲富正治・著（日本文芸社）

『疲れない脳をつくる生活習慣』石川善樹・著（プレジデント社）

『脳が認める勉強法』ベネディクト・キャリー・著／花塚恵・訳（ダ
　　イヤモンド社）

『母子画の臨床応用』ジャクリーン・ジレスピー・著／松下恵美子、
　　石川元・訳（金剛出版）

『ヒルガードの心理学 第 14 版』エドワード・E・スミス他・著／内
　　田一成・監訳（ブレーン出版）

『プロが教える心理学のすべてがわかる本』大井晴策・監修（ナツメ社）

『べてるの家の「非」援助論』浦河べてるの家・著（医学書院）

『マンガでやさしくわかる心理学』横田正夫・著（日本能率協会マネ
　　ジメントセンター）

『目撃証言』エリザベス・ロフタス他・著／厳島行雄・訳（岩波書店）

『交通心理学が教える事故を起こさない 20 の方法』長塚康弘・著（新
　　潟日報事業社）

『戦争における「人殺し」の心理学』デーヴ・グロスマン・著／安原和見・
　　訳（ちくま文庫）

後記

橫田正夫

本書使用大量的漫畫插圖，目的是為了幫助大家深入理解心理學。

坊間的指南手冊雖然也會運用文字和圖解來補充說明，但是為了加深讀者的理解，透過漫畫插圖想必更能令人耳目一新。話說回來，應該也有人認為漫畫插圖與學術世界無緣吧？希望各位能透過這次機會省思一下當中的可能性。

現代社會應該沒有從未接觸過漫畫文化的人吧？這個時代可以說幾乎所有青壯年世代都是看漫畫長大的。60歲以上的世代，或許是在文字文化之下成長；但是稍微年輕一點的世代，卻是受到漫畫文化的薰陶。如今，日本漫畫已經推廣至全世界，若是不仰賴漫畫的吸引力，甚至根本不會有人想把書拿起來看。

既然要依循這個現狀推廣，那麼大可出版一本以漫畫作為載體的心理學書籍，如果文字會讓人敬而遠之，那改用漫畫應該就能輕鬆看懂了——本書就是充分發揮了漫畫的這個優勢才得以出版。

心理學本來就不是一門艱澀的學問，內容其實很平易近人。假使心理學真的有一道令人難以跨越的門檻，只要本書能夠成功幫助各位稍微降低一點門檻，就代表這本書已經達成了出版的意義了。

若是各位讀後覺得「心理學很有趣」的話，那實在不勝感激。

心理學涵蓋的領域非常廣泛。本書的特色，便是將「適應社會」這項議題納入討論範疇內，整體的架構就建立在如何處理孩子的成長、親子關係、適應職場、適應學校等課題，各位不妨依照自己的成長課題，挑選專門章節閱讀；對於難以融入社會的讀者，也能透過本書理解其中的難處關鍵所在，並得到擺脫困境的線索。

這個架構可以幫助各位預測下一個成長階段的課題,並據此做好準備。如果是站在領導立場的人,也能夠透過本書,了解自己引領的對象是正在面臨哪些課題的世代,有助於促進日後的發展。

　　本書的架構,是為了方便大家活用在各種場合領域,願各位都能把這本《心理學使用說明書》當作心靈指南,善加運用。

索引

【監修者簡歷】

橫田正夫（Yokota　Masao）

日本大學文理學部心理學科教授，1954年出生。日本大學藝術學部電影科畢業後，就讀日本大學研究所文學研究科，研究影像解讀機制的認知心理學。

後來投入臨床工作，任職於群馬大學醫學部神經精神醫學教室，從事思覺失調症（精神分裂）的認知障礙相關研究。

另外也積極投入動畫研究，曾任日本動畫學會會長，現為學會理事。

[STAFF]

執筆·設計
ISSHIKI

插畫
前野コトブキ

插圖
大塚たかみつ、米山翔子

KYOYO NO TORISETSU SHINRIGAKU
Copyright © Digical 2016
All rights reserved.
Originally published in Japan by NIHONBUNGEISHA Co., Ltd.,
Chinese (in complex character only) translation rights arranged with
NIHONBUNGEISHA Co., Ltd., through CREEK & RIVER Co., Ltd.

心理學使用說明書

出　　　　版／楓書坊文化出版社
地　　　　址／新北市板橋區信義路163巷3號10樓
郵 政 劃 撥／19907596　楓書坊文化出版社
網　　　　址／www.maplebook.com.tw
電　　　　話／02-2957-6096
傳　　　　真／02-2957-6435
監　　　　修／橫田正夫
翻　　　　譯／陳聖怡
責 任 編 輯／江婉瑄
校　　　　對／邱鈺萱
內 文 排 版／楊亞容
港 澳 經 銷／泛華發行代理有限公司
定　　　　價／380元
出 版 日 期／2020年7月

國家圖書館出版品預行編目資料

心理學使用說明書／橫田正夫監修；陳
聖怡譯. -- 初版. -- 新北市：楓書坊文化,
2020.07　　　面；　公分

ISBN 978-986-377-599-7（平裝）

1. 心理學

170　　　　　　　　　109006021